KB252476

한국인 CEO 수출 1호 김광로의

세계경영 크레도

한국인 CEO 수출 1호 김광로의
세계경영 크레도

1판 1쇄 | 펴낸 날 2009년 6월 15일

지은이 김광로
펴낸곳 씨알평화 | **펴낸이** 김진
편집 박선영
디자인 디자인 비따

등록 214-90-71013 | **등록 일자** 2006.07.31
주소 서울시 서초구 양재동 319-9 대용빌딩 3층 301호
전화 02-755-4187
홈페이지 seed4peace.org
이메일 seealpeace@hanmail.net

©2009 by Sialpeace Publishing in korea

ISBN 978-89-960069-2-3 03320

한국인 CEO 수출 1호 김광로의

세계경영 크레도

김광로 지음

KEN
VIDEOCON
Eco Logic for a Sustainable Life

나는 지난 2008년 5월 7일, 인도의 최대 가전 업체인 비디오콘(Vidiocon)의 부회장 겸 사장(Chairman & Managing Director)으로 취임했다. 한국의 대기업 CEO가 외국 대기업의 최고 경영자로 스카우트된 것은 이번이 처음이라고 한다. 인도 기업 문화에서 볼 때도 외국인이 대기업 CEO가 된 것은 이례적인 일이다. 혹자는 근무했던 회사와 경쟁 관계에 있는 기업의 최고 경영인으로 새 출발하는 것을 곱지 않은 시선으로 볼 수도 있을 것이다. 나는 한국의 모 일간지와 인터뷰에서 이렇게 나의 뜻을 밝혔다.

"히딩크 감독은 조국인 네덜란드와 유럽에서 쌓은 지도력을 한국에서 발휘한 인물이지만 아무도 그를 매국노라고 하지 않는다. 인도 기업에서 좋은 성과를 내면 한국 기업은 물론 한국의 국가 이미지도 개선될 것이다."

"대한민국의 태권도 사범이 외국 대표팀 감독을 맡는 것은 한국과 등지는 것이 아니라 한국 태권도의 우수성을 알리는 일이다.

이제 신흥국가로 발돋움하는 인도 땅에 한국식 경영의 우수성을 알리고 싶다."

비디오콘은 왜 나를 선택했을까? 그것은 나의 경영 철학과 실천이 가져온 성공을 인정해서일 것이다. 그렇다면 한 회사의 평사원에서 사장에 이르기까지, 그리고 30여 년의 세월을 수많은 나라에서 근무하면서 쌓아올린 나의 경영 철학은 무엇인가? 가장 척박한 나라라는 인도에서, 막강한 일본 전자회사들을 제치고 인도 시장의 30% 이상을 점유한 일등 기업으로 성장하게 한 비법(秘法)은 무엇일까?

성공의 가장 큰 밑거름은 여러 나라에서의 경험을 통해 세계화된 나의 경영 철학이었다. 중동 두바이, 미국 시카고와 뉴저지, 중남미 파나마, 그리고 독일 뒤셀도르프 등에서 축적한 15년 간의 외국 생활과 영업의 경험이 없었더라면 인도에서의 성공도 없었을 것이다.

그동안 이런 경험을 담아서 책을 써 보라는 권유를 받았다. 그러나 나는 오랫동안 주저했다. 인도에서 10년 동안 한 일이 별로 대단하지 않다는 생각 때문이었다. 그러나 세계화의 성공을 향해 힘차게 움직이는 한국의 경영인들, 후배 직장인들에게 작은 힘이 되기를 바라는 마음에 용기를 냈다.

책을 쓴다는 것은 쉬운 일이 아니었다. 한 시간에 원고지 한 장을 쓰는 속도로 하루에 몇 시간씩 컴퓨터 앞에 앉아 있다 보니, 자판을 두드리는 일이 얼마나 힘든 일인지 깨닫게 되었다. 그러나 글을 쓰는 내내 나는 행복했다. 또한 글을 쓰는 행위가 얼마나 창조적인 일인가를 비로소 깨달았다. 내 안에 잠재된 창조적인 힘을 보았기 때문이다.

이 책에 담긴 내용은 그저 '책상머리'에서 좋은 경영 이론을 정리한 것이 아니다. 지난 30여 년 동안 숱한 시도와 성공, 그리고 뼈아픈 실패를 겪으면서 우러난 실제 내용들이다. 특히 지난 10년 간 인도에서 이룬 '성공 신화'의 경영 철학과 체험을 나누고자 하는 의도에서 진심을 담아 적어 내려간 것들이다.

나는 이 책에서 한 기업이 성공하기 위해서는 그 기업의 구성원을 움직이는 문화, 그리고 그 조직의 철학 혹은 신념(Credo)이 매우 중요하다는 사실을 강조하고자 했다. 모든 구성원이 주인의식으로 뭉친 조직은 시장에서 승리할 것이다. 이 책은 단지 기업뿐만 아니라 성공하는 조직을 위한 경영 철학과 조직문화에 관한 책이다.

지면을 통해 감사를 드려야 할 분들이 많다. 먼저 혁신(Innovation), 열린 마음(Openness), 동반자 정신(Partnership) 이라는 기업 철학을 직접 만들고 '믿고 맡기는 경영(Empowerment)' 의 실천을 위해 노력하신 구자홍 회장(현 LS회장)과 인도에서의 과감한 투자와 혁신을 지원하며 독려해 주신 김쌍수 부회장(현 한국전력사장)에게 감사한다. 두 분의 용기와 혜안이 없었더라면 열악한 인도로의 진출도 없었을 것이고, 오늘과 같은 성공도 없었을 것이다. 또한 인간 존중의 경영과 고객을 위한 가치 창조를 기업의 이념으로 삼고 그 실천을 몸소 보이신 구자경 명예회장과 구본무 회장에게 무한한 감사를 드린다. 두 회장님 밑에서 34년간 배운 인간 중심의 경영 철학이 지금의 나를 있게 했다.

그리고 인도에서 나와 함께 고생한 모든 동지들에게 감사드린다. 그들의 눈물 어린 수고가 인도 성공신화의 밑거름이 되었다. 마지막으로 이 책의 시작부터 끊임없이 독려와 지원을 해 주신 씨알평화의 김진 박사에게 감사드린다.

인도 델리에서
김 광 로

"훌륭한 리더는 인간적이어야 한다"

곽수근(서울대학교 경영대학 교수)

인간적인 경영철학

글을 읽으면 글 쓴 사람의 마음을 읽을 수 있다고 한다. 나는 김광로 부회장을 한 번도 만나본 적이 없다. 그럼에도 불구하고 이 책을 통해서 쉽게 김 부회장의 따뜻한 마음을 읽을 수 있었으며 그 분의 인간적인 면모에 매료되었다.

나는 학생들을 미래의 리더로 만들어야 하는 교육자로서 기회가 있을 때마다 만나는 최고경영자들에게 어떤 사람이 훌륭한 리더인지에 대해 물어보곤 한다. 내 기억에 남은 가장 인상적인 답은 "훌륭한 리더는 인간적이어야 한다"는 것이었다. '인간적'이라는 것을 한마디로 정의내릴 수는 없지만 인간적인 리더는 그 자신이 비록 부족한 점이 있더라도 더 많은 사람들에 대해 관심과 배려를 아끼지 않는 사람이 아닐까 한다. 이 책을 통해 나는 김 부회장이 진정한 인간적인 리더이며 그 분의 경영철학은 인간적 경영이라는 것을 알 수 있었다.

많은 사람들이 자기자랑을 위해서 자서전과 같은 성격의 책을 쓴다. 그러나 진정으로 좋은 자서전은 자기를 위해서 쓴 것이 아니라 남을 위해 쓴 것이다. 이 책에는 독자들에 대한 따뜻한 사랑의 마음이 담겨 있다. 사랑하는 마음이 없이는 30여년에 걸쳐 열악한 환경에서 온갖 고생을 하면서 쌓은 귀한 경영의 지혜를 전할 수 없을 것이다. 아울러 이 책에는 조국에 대한 사랑과 조국의 미래를 짊어지고 나가는 현재와 미래의 경영자들에 대한 기대가 녹아 있다.

현장에서 체화된 경영 지혜서

지식의 '知'와 지혜의 '智'의 차이는 시간을 의미하는 '日'자가 있고 없는 차이다. 이는 지식에 세월이 더해지고 숙성되면서 만들어지는 것이 '지혜'라는 의미가 아닐까. 경영에 관한 지식을 제공하는 책들은 얼마든지 있다. 그러나 이 책처럼 지식을 현실 상황에 적용하면서 소화하여 다룬 책은 많지 않다. 특히 저자는 이 책에 단순히 개인적 경험을 나열하는 수준을 넘어 오랜 경험에서 정제된 '지혜'를 알기 쉽게, 그리고 이론적 틀에 맞추어 일반화시키는 창조적인 노력을 담아내고 있다.

우리나라가 갖고 있는 경쟁력의 원천은 인적자원이다. 다양한 인적자원 중에서도 가장 중요한 것은 경영자이다. 노키아라는 한 회사가 핀란드를 먹여 살리는 것에서 볼 수 있듯이 창의적인 경영자가 국가의 미래를 바꿀 수 있다. 따라서 훌륭한 경영자를 키우는 일은 개인이나 기업 차원을 떠나 국가적인 과제로서 개인, 기업, 학교, 정부 등 모두의 과제이다. 그러나 가장 중요한 것은 경영자들이 후계경영자를 키우는 일이다. 경영은 예술(art)이라고도 한다. 훌륭한 경영자는 학교에서 기계적으로 만들어진다기보다는 훌륭한 마스터 밑에서 다듬어져 만들어지는 것이라 할 수 있다. 이 책은 한 분의 훌륭한 마스터 경영자가 멘토로서 후배 경영자들을 키우기 위해 만든 책이라고 할 수 있다.

한 기업이 글로벌 기업으로서 성장하기 위해서는 글로벌리티(golbality)와 로컬리티(locality)의 조화가 이루어져야 한다. 글로벌 기업의 성패는 보편적 경영 원리에 특정 지역의 개인과 조직, 그리고 사회의 특유성을 어떻게 반영하고 활용하느냐에 달려있다고 할 수 있다. 한국의 특정 기업이 외국에 나가서도 한국 특유의 기업문화를 고집한다면 성공하기 어려울 것이다. 김광로 부회장은 인도라는 결코 하나일 수 없는 거대한 대륙에서 보편적 원리와 지역의 문화적 특수성을 어떻게 조화시켜 나가는지를 확연하게 보여주었다. 이 책은 글로벌 경영의 좋은 입문서가 될 것이다. 주재원으로 외국에 나갈 사람들은 꼭 한 번 이 책을 읽고 나갈 것을 권하고 싶다.

많은 지식이 그렇지만 특히 경영지식은 원리만을 간추리면 그렇게 많은 분량이 안 되며, 내용도 다분히 상식적인 것들이라 할 수 있다. 이러한 경영지식들을 제 것으로 만드는 일은 결코 외워서 되는 것이 아니다. 경영지식은 현장에서 직접 터득하는 것이 가장 확실하지만, 이는 많은 사람들에게 효율적으로 지식을 전달하는 방법은 될 수 없다. 경영지식을 교육하는 가장 일반적인 방법은 현실적인 내용으로 사례를 만들어 놓고 이에 대해 토의하도록 하는 것이다. 그런 의미에서, 김광로 부회장의 책은 경영자들과 경영학도들에게 인도와 LG의 사례로 경영의 진수를 터득하게 하는 사례 중심 교과서라고 할 수 있다. 주옥같은 내용들이 이해하기 쉽게 풀어져 있는 이 책을 한번 읽고 버리는 것은 너무 아깝다. 가끔 생각의 전환이 필요할 때 다시 읽어본다면 통찰력을 얻을 수 있을 것으로 믿는다.

불굴의 혼으로 이룬 성공

나는 몇 년 전에 일주일 정도 인도를 여행하면서 도시와 농촌에서 인도 사람들의 생활 모습을 보고 많은 충격을 받았다. 그러나 또 다른 충격은 우리나라 경영자들이 그 인도 사람들을 데리고 가장 경쟁력이 있는 제품을 만들어 팔고 있다는 것이었다. 문화와 기후, 음식 등이 맞지 않아 일본 기업은 못 견디고 떠나는데, 반해 우리 기업은 버텨내고 있을 뿐 아니라 세계적 수준의 생산성을 올리고 있는 모습에서 우리 경영자의 힘이 얼마나 위대한지를 깨달을 수 있었다.

김광로 부회장 역시 인도 사람과 사회의 내면을 이해하고 사랑하며 그들과 꿈을 함께 할 수 있었기 때문에 가장 성공적인 경영자가 되었다고 생각한다. 그 분의 인도 경영은 불굴의 혼이 없었다면 성공하지 못하였을 것이다. 경영과 마찬가지로 좋은 책도 경험만으로 써지는 것은 아니다. 이 책은 그 분이 인도경영에 쏟아 부었던 혼을 조국의 미래를 짊어질 후배들을 위해 다시금 불태웠기 때문에 가능하였다고 생각한다.

나는 많은 분들이 이 책을 통해 한 사람의 인간적인 리더의 생각을 배우고 많은 것을 깨달을 수 있을 것이라고 믿는다.

차례

머리말

Part 1

Globalization

알아야㈜ 좋아지게㈜ 되고 큰 흐름을 안다㈜

세계화의 속도가 빠르게 진행되는 지금은 오로지 자국만의 문제, 자국민만의 문제는 있을 수 없다. 서로가 긴밀하게 영향을 주고받고 있기 때문이다. 인도 하층민의 문제가 더 이상 인도만의 문제가 아니며, 인도 북쪽의 캐시미르(Kashmir) 분쟁도 인도와 파키스탄만의 문제가 아니다. 마찬가지로 우리 남북한의 문제는 국제사회 속에서는 전 세계의 문제다. 이제 우리는 세계시민으로서 이웃에게 관심을 갖고 영향을 끼치면서 살아가는 지구촌의 시민인 것이다.

Credo I
내가 사는 곳이 곧 천국이다

나는 기업 경영에 있어서 이른바 '해외파'에 가깝다. 30여 년을 한 회사에서 근무했지만 그중 대부분을 외국에서 보냈다는 의미에서도 그렇고, 나 스스로도 세계화를 지향하는 사람이다.

지난 30여 년 가까운 외국 생활을 통해 나는 세계화로 체질 개선이 되었고, 세계화는 내 경영 철학의 중요한 화두가 되었다. 그리고 그 철학이 실천되고 구현되어 열매 맺기 시작한 곳이 바로 인도다.

1997년 1월 초, 나는 LG전자 인도법인장으로 부임했다. 1977년부터 중동의 두바이를 시작으로 미국 시카고, 뉴저지, 남미 파나마와 독일 뒤셀도르프 등 다양한 외국 생활의 경험을 쌓은 지 20년이 되던 해였다. 그러나 인도는 처음이었다. 그동안 수많은 나라와 외국 법인들을 방문했음에도 불구하고 정작 인도는 단 한 번도 출장이나 여행할 기회를 갖지 못했다.

그렇다고 인도에 관심이 없었던 것은 결코 아니다. 인도로 오기 직전 독일에서 근무할 때, 인구가 많은 인도는 미래에 크게 성장할 것이라는 이야기를 동료들과 나누곤 했다. 그런데 그런 영감이 통했을까? 어느 날 뜻하지 않게 인도로 가지 않겠느냐는 제의가 들어왔고, 나는 바로 그 제의에 응했다.

나는 평소 나 자신이 선진국보다 후진국에 더 맞는 기질이라고 생각해왔다. 두바이에서 3년, 중남미에서 6년의 경험을 통해 후진국의 시장을 개척하는 일에서 훨씬 보람을 느낄 수 있었기 때문이다. 또 거래선과의 관계도 후진국 사람들이 더 인간적이라는 사실을 체험했다. 더욱이 인도로 오기 전, 두바이와 파나마에서 인도 상인들과 오랫동안 사업을 해왔고, 이를 통해 좋은 비즈니스 경험과 인도인에 대한 인간적인 존경심을 갖고 있었다. 인도 경제, 인도 사람에 대해 모두 긍정적인 생각을 갖고 있었다.

열악한 환경에 문화적 충격을 경험하다

그러나 막상 인도에 도착해 보니 인도의 현실은 나의 상상을 뛰어넘어 한 마디로 놀라울 뿐이었다. 문화적 충격은 심각했다. 인도에 오기 전에 중남미의 오지라고 할 수 있는 볼리비아나

페루의 지방도 방문해 보았지만 인도처럼 열악한 곳은 처음이었다. 외지인들에게 인도는 사는 것 자체가 힘든 곳이었다. 먹고 사는 기본적인 생활조차 충족되기 힘들었다. 기업 활동은 둘째 치고 생존이 위협받을 정도였다.

물, 전기, 공기, 음식물 등 모든 것이 최악의 상황이었다. 도심의 공기는 오염이 극도로 심해서 호흡이 곤란했고, 먹는 문제는 더 심각했다. 당시만 해도 인도에는 슈퍼마켓이 없었다. 그래서 파리와 바퀴벌레가 우글거리는 불결한 재래시장에서 물건을 사야 했다. 돼지고기는 이슬람교도에게 금기 식품이고, 쇠고기는 힌두교도에게 금기여서 닭고기와 양고기 정도를 겨우 구할 수 있었다. 생선은 겨울에나 맛볼 수 있었다. 여름에는 가뜩이나 신선하지도 않은 생선 위에 온통 파리가 뒤덮여 위생상 도저히 먹을 수가 없기 때문이다. 인도 사람들중 다수가 채식주의자이고, 그것도 상류층으로 갈수록 채식주의자가 많기 때문에 냉동 시설을 갖춘 육류 가게는 거의 찾아 볼 수 없다.

이런 식생활의 어려움 때문에 현지의 한국 사람들은 한국이나 태국을 여행하고 돌아올 때 음식을 한꺼번에 몇 박스씩 구입해 놓고 있었다. 그러나 나중에는 상하는 것도 많고 냉동으로 오래 보관한 탓에 신선도가 떨어지고 냄새도 났다. 라면과 쌀도 냉장고에 보관하지 않으면 변해서 못 먹는다. 뉴델리의 경우 3월부터 10월까지 무더운 여름이 이어져 기온이 50℃까지 오르는 때가 많다. 집집마다 냉장고가 4~5개씩은 있어야 하고 에어컨은 필수품이다. 거기다 전기가 수시로 끊기기 때문에 최소한 선풍기와 냉장고 하나는 작동시킬 수 있도록 발전기나 변환장치를 필수적으로 갖추고 있어야 한다.

환경을 이겨낼 수 있는 힘은 '이해'와 '믿음'이다

난생 처음 이런 현실에 접하고 보니 살아가는 것 자체가 힘들었다. 그러나 인간은 적응하기 마련이다. 아니 인간은 환경에 적응하지 않으면 죽는다. 그리고 그 어려움을 이기는 자가 세계화에서 승리할 수 있다. 어려운 상황을 긍정적으로 받아들이지 못하는 한 어려움을 극복할 수도 없다.

그렇다면 어떻게 이런 생활의 불편함과 어려움을 극복하고 적응해 나가면서 사업에서 성공할 수 있을까? 정말 고민하지 않을 수 없는 문제였다. 다른 외국인들은 이처럼 살기 어려운 인도에 정(精)을 붙이지 못했다. 그렇게 힘겹게 살다 보니 결국 사업도 성공하지 못했다. 예를 들어 많은 일본 기업들이 우리보다 훨씬 먼저 인도에 진출하여 공장 투자까지 했지만 성공하지 못했다. 그렇게 된 큰 이유 중 하나는 그들과 가족들이 어려운 인도 생활에 적응하지 못했기 때문이다.

문제는 인도 생활의 불편이 나만의 어려움이 아니라 한국 직원들과 그 가족의 어려움이기도 하다는 것이었다. 나는 이런 어려움을 극복하는 방안으로 우선 한국인 부인들을 배려했다. 어려운 생활에 고생하는 부인들을 위로하기 위하여 가능하면 부부동반으로 자주 모임을 가졌다. 또 함께 여행하는 시간을 많이 갖도록 했다. 예를 들어 인도의 최대 명절인 디왈리(10월과 11월 중으로 매년 날짜 달라짐)와 연말에는 2박3일 동안 단체로 기차를 타고 인도의 유적지나 국립공원을 방문하면서 여행을 했다. 특히 인도에서는 골프가 한국보다 훨씬 싸고 예약하기도 쉽다. 그래서 매월 부부동반으로 골프 모임도 가졌다. 그런 만남과 여행을 통해 어려운 인도 생활의 스트레스를 풀자는 의도였다. 이런 시간을 통해 한국 가족들은 살기 힘들었던 인도와 점점 친해지기 시작했고, 인도를 떠날 상황이 되었을 때에는 오히려 서운할 정도가 되었다.

이렇게 환경을 이겨낼 수 있었던 것은 지옥조차 천국으로 만들 수 있는 것은 바로 나 자신이라는 믿음 때문이다. 한 세계적인 심리학자는 이 세상은 객관적으로 존재하지 않고 오직 그 세계에 대한 생각만 존재할 뿐이라고 말했다.

이 말은 '이 세상=내 생각'이라는 뜻이다. 이 세상은 객관적으로 존재하는 것이 아니라 내가 생각하기에 따라, 마음먹기에 따라 지옥도 될 수 있고 천국도 될 수 있다는 말이다. 같은 상황일지라도 생각을 바꾸면 지옥조차 천국으로 변할 수 있다. 그

동안의 경험을 돌이켜보면 어느 곳이든 자기가 마음을 붙이고 그곳에서 좋은 점을 발견하려고 노력한다면 바로 그곳이 천국이다. 이런 긍정적이고 낙천적인 생각과 생활 태도가 사업의 성공과 세계화를 향한 첫 걸음이라고 확신한다.

개인이든 기업이든 세계화에 성공하고 싶다면 다른 나라의 종교 문화에 대한 이해와 개방성을 가져야 한다. 또한 그 종교 문화가 가지고 있는 에너지를 동력으로 활용하는 것이 매우 중요하다. 우리나라의 경우 특정 종교가 주를 이루지 않는다. 그러나 대부분의 나라에는 국민들이 가장 많이 믿는 주된 종교가 있다. 예를 들어 유럽 사람들은 대부분 기독교를 믿고, 중동 사람들은 이슬람교를 믿고, 다른 아시아인들은 불교 혹은 이슬람교를 믿는다. 그래서 우리나라처럼 한 종교가 독점하지 않고 여러 종교가 공존하는 경우는 극히 드물다. 이것은 우리나라 사람들이 다른 나라의 종교 문화를 중요하게 생각하지 않거나 잘 이해하지 않으려는 습관을 갖게 된 요인 중의 하나다. 그러나 세계화를 향한 길목에서 각 종교 문화에 대한 이해는 필수적이다.

인도에서 회사를 경영하면서 인도의 종교 문화를 체험하고 또 이해하려 했던 노력들은 세계화를 향한 좋은 영양분이었다. 인도는 그 어느 나라보다 종교 색채가 진한 나라이기 때문에 나의 경험은 다른 국가들의 종교 문화를 이해하는 데 도움이 될 것이다.

종교에서 위안과 안식을 찾는 인도인들

인도는 겨울인 11월부터 2월 사이가 생활하기에 가장 좋은 계절이다. 뉴델리의 경우 기온이 새벽에는 5℃ 정도, 낮 동안은 15℃ 정도로 유지되어 활동하기에 아주 상쾌한 계절이다. 나는 일 년 내내 새벽 5시면 일어나 강아지와 산보를 했다. 겨울에는 찬 기운에 목도리까지 둘러야 할 정도였다.

새벽 산책 도중 나의 뇌리에 박힌 장면이 있다. 새벽 5시, 밖은 칠흑같이 깜깜하고 집을 지키는 경비원들조차 잠을 자고 있을 시간. 이 시간에 20여 명 가량의 사람들이 조용히 악기를 연주하면서 사원으로 향하고 있었다. 새벽 기도를 하러 신전으로 향하는 모습이다. 이 모습은 아주 인상적이어서 오랫동안 내 머리 속에 아름답고 숭고한 기억으로 남아 있다. 명상의 나라, 사색의 나라에 왔다는 느낌이 새삼 들었던 것도 이때였다.

인도 종교 문화의 근간은 힌두교이다. 물론 인도에는 이슬람교와 기독교, 불교 등 다양한 종교가 있다. 그중에서 우리에게 익숙한 불교의 뿌리가 힌두교다. 힌두교 국가에서 석가모니가 80여 세까지 살고 자연사했음을 보면 불교와 힌두교가 같은 뿌리임을 알 수 있다. 그래서 불교를 통해서 힌두교를 이해하면 생각보다 낯설지 않게 힌두교 문화를 이해할 수 있다.

인도는 대단히 종교적인 나라다. 여느 나라와 달리 생활 속에 종교가 깊이 들어와 있는, 생활과 종교를 분리시킬 수 없는 나라다. 회사에서 매주 토요일 점심마다 '피자미팅'을 할 때도 한두 명은 점심을 먹지 않는 모습을 자주 보았다. 종교적 단식 때문이었다. 직원들 중 많은 사람들이 규칙적으로 단식을 하는 모습이 부러울 때가 많았다. 그것은 그런 절제의 삶이 물질 만능의 복잡한 현대를 살아가면서도 깨어 있는 삶, 다른 삶을 영위해 보려는 노력으로 보였기 때문이다.

생활 속의 종교, 종교 속의 생활 문화를 가지고 있는 인도의 종교 문화를 보여 주는 예들은 많다. 많은 가게에서 주인의 의자 뒤쪽 높은 곳에 돌아가신 부모님 사진이나 가족을 지켜주는 수호신의 사진을 걸어 놓고, 그곳에 작은 제단을 만들어 향을 피우는 모습을 볼 수 있다. 집과 사무실은 물론이고 버스 운전대 앞에도 예외 없이 제단이 있어 향을 피운다. 이런 인도의 종교적 모습을 보면 일상생활 속에 깊이 차지하고 있는 종교적 색채를 느낄 수 있다. 인도 사람들은 신앙으로 어려운 하루하루를 참고 인내하며 그 속에서 작은 위안과 안식을 찾아 가는 것 같다.

종교를 이해하면 사람이 보인다

종교의 다양성이 회사 운영에 크게 걸림돌이 된 적은 없었지만, 종교 문화가 회사 경영에 많은 영향을 미치고 있음은 분명했다. 한번은 뉴델리 북쪽에 있는 하리아나(Haryana) 주의 작은 도시에서 영업소장과 대리점간의 분쟁이 있었다.

영업소장은 자기 나름대로의 이유로 물건 공급을 중단했는데 대리점은 영업소장의 행동을 부당하다고 여겼고, 그래서 3~4시간이나 걸리는 공장까지 찾아와 나에게 억울함과 부당함을 호소했다. 나는 양쪽을 중재해서 거래를 재개했다. 그런데 얼마 후 다시 문제가 생겨 영업소장을 바꿀 것을 제안했는데 인도인들은 그러면 안 된다는 것이다. 그 이유는 바로 영업소장이 소수 종교인 이슬람교도라서 회사에서 그를 해고하면 힌두교인 대리점 편을 든다는 인상을 준다는 것이었다. 이것은 아주 심각한 문제를 유발시킬 수 있는 위험천만한 일이었다. 소수인 이슬람교나 기타 종교가 차별대우를 받는다는 느낌을 주는 행동이나 결정은 절대 금물이었다. 만약 이런 종교에 대한 이해 없이 회사의 경영 논리로 밀고 나갔다면 엄청난 대가를 지불했을 것이다.

종교가 상품 디자인에 영향을 주는 경우도 있었다. 이슬람교도들은 녹색을 좋아하기 때문에 녹색 제품이 이슬람교도 거주 지역에서 많이 팔린다. 이슬람 국가인 파키스탄의 국기가 녹색이라 녹색을 무슬림 컬러(Muslim Color)라고 생각하는 것이다.

사람의 이름에도 종교적 색채가 강해서 이름만으로 종교를 알 수 있다. 예를 들어 이름에 베드로(Peter)를 사용하면 기독교인이고, 싱(Sing)을 사용하면 시크교도일 가능성이 높고, 무하마드

성자의 이름을 사용하면 이슬람교도인 것이다. 이렇게 이름을 통해서 그들의 종교를 이해하고 예의를 표하는 것도 매우 중요하다.

인도의 재미있는 종교 문화 중의 하나는 인구의 60% 정도가 채식주의자라는 사실이다. 전 세계 채식주의자들의 수를 다 합쳐도 인도의 채식주의자 수를 넘지 못한다고 한다. 처음에 이 채식주의에 별 의미를 두지 않았다. 그러다 점차 그들이 갖고 있는 생명에 대한 태도와 식생활 습관에 호감을 갖게 되었다. 아프리카 케냐로 사파리 관광을 간 적이 있었다. 그곳에서 초식동물끼리는 아주 평화롭게 공존하면서 생활하는데 육식동물만 나타나면 순식간에 평화가 무너지는 것을 보았다. 우리 인간은 언제 음식 습관을 바꿔 육식 섭취를 줄일 수 있을까? 그러면 인류가 지금보다 훨씬 덜 공격적이고 좀 더 참을성 있는 종(種)으로 바뀔 수 있지 않을까? 혼자 진지하게 고민해 보았다.

관심을 갖고 지켜보면 점차 인도인들의 생활방식과 사고방식을 이해하게 되고 그들의 종교 문화를 존경하게 된다. 만약 인도인과 그들의 종교 문화를 무시하고, 인도에서의 생활을 지겹다고 생각하면서 인도에서 성공하겠다고 한다면 그것은 큰 모순이다. 이것은 비단 인도에만 적용되는 문제가 아니다. 모든 세계화의 토대는 다양한 문화와 사고방식에 대한 개방적인 이해에서 비롯된다.

악습도 문화다

한 나라 안에는 종교·문화적 배경에서 비롯된 관습과 제도들이 많다. 그리고 그런 제도들은 수 천 년을 내려오는 경우가 많아 사회 속에 뿌리 깊게 새겨져 있다. 인도의 카스트 문화가 대표적이다.

현재 인도의 카스트 제도는 법률적으로 존재하지 않는다. 오히려 낮은 카스트를 보호하기 위한 제도가 많아 일부 지방에서는 그 제도가 역차별이라고 크게 데모까지 했다. 예를 들어 가장 낮은 계층인 불가촉천민(Untouchable, Dalit)에게는 대학 입학이나 공무원 취업 등 많은 면에서 혜택이 있다. 이처럼 카스트 제도가 법적으로는 철폐되어 있지만, 문화적으로는 아직도 인도인의 삶에 깊이 새겨져 있다.

인도의 가장 중앙에 위치한 낙푸르(Nagpur)라는 도시에서 얼마 떨어지지 않은 농촌에서 끔찍한 살인사건이 발생했다. 그 동네에서 가장 천민 계급에 속하는 사람이 농사도 잘 해서 돈을 많이 벌어 그 돈으로 자식들 공부도 잘 시켰다. 그런데 이를 질투한 마을 사람들이 집단으로 습격해 아이들을 모두 죽여 버린 것이다. 카스트 문화의 극단적인 폐해를 보여주는 사건이었다.

인도 사회의 카스트 문화에도 작지만 변화가 일어나는 것을 볼 수 있다. 아래 계급의 사람이 장사로 돈을 많이 벌어 귀하게 되고, 상류계급이지만 돈이 없어 청소로 끼니를 연명하는 경우가 생기는 것이다. 자본주의에서 성공한 '자본가'라는 새로운 계급이 서서히 성장하고 있다.

카스트 문화와 회사 경영

회사 운영에 영향을 줄 만큼 카스트 문화가 회사 내에서 문제되는 경우는 없었다. 사람을 뽑거나 종업원을 평가할 때 카스트가 걸림돌이된 적도 없었다. 오히려 카스트 제도의 덕을 보는 경우는 있었다.

인도 북동쪽 아쌈(Assam) 지방의 구와티(Guwahati)에 판매, 수금, 서비스를 독자적으로 운영하는 지점이 있었다. 그런데 이 지역은 인도 정부로부터 독립을 주장하는 무력 소요가 있어서 치안이 아주 불안했다. 낮과 밤의 두 정부가 있다고 할 정도였다. 이곳의 지점장이 바로 인도 카스트의 최상인 승려 계급 브라만(Brahman) 출신이었다. 이런 그의 신분 때문에 우리 지점이 많이 안전하다는 이야기를 자주 들었다. 독립을 주장하는 무장 반란군도 승려 계급을 알아보고 존경한다는 것이다.

뿌리 깊은 악습인 카스트 문화가 인도 사회에서 완전히 사라지기 위해서는 더 많은 세월이 필요할 것이다. 우리나라도 양반, 평민, 노비 등 엄격한 반상의 구별과 사농공상 같은 직업의 귀천에 따른 차별이 존재했다. 그러나 역설적이게도 식민지 통치 기간 36년과 6·25 전쟁이라는 역사의 단절을 통해서 전부 사라졌다. 반면 인도는 그런 계급 철폐의 기회가 없었다. 오랫동안의 영국 식민지로 있었으나 영국은 인도의 문화를 말살하려 하지 않았다. 오히려 지방 군주(Maharaja)를 인정해 주고 그들을 통해서 간접통치를 했기 때문에 인도의 좋은 문화, 나쁜 관습 등이 그대로 유지된 것이다.

인도의 카스트 제도와 관련 있는 또 하나의 악습은 결혼 지참금 문화다. 인도에서 신부는 결혼의 대가로 신랑집에 많은 지참금을 내야 한다. 우리나라의 혼수 제도와 유사한 형태인데, 그 지참금이 너무 과도하게 요구되어 딸을 결혼시키려면 전 재산을 탕진할 정도다. 이로 인해 많은 신부들이 결혼 전이나 결혼 후에 자살을 하는 경우가 비일비재하다. 한번은 우리 회사 인도 직원의 부인이 지참금 문제로 유서를 남겨 놓고 자살한 일이 있었다. 인도 법에는 결혼지참금 강요가 금지되어 있어, 그 직원은 감옥에 구속되었다.

현지에 잘 적응하려면 그 나라만이 가지고 있는 독특한 제도들에 대한 이해를 높여야 한다. 특히 그 제도가 법적으로는 존재하지 않지만 문화적으로 뿌리 깊게 내린 관습일 때는 그들의 눈으로 이해해야 한다.

Credo 2
현지인의 장점을 빨리 파악하자

사업은 조직과 시스템으로 움직여도 그 중심에는 '사람'이 있다. 그래서 사람에 대한 이해가 정말 중요하다. 외국에서 사업을 할 때는 그 나라 문화에 대한 이해와 더불어 그 나라 사람이 지닌 장점과 특성들을 빨리 파악해야 한다. 왜냐하면 사업의 효과와 성공을 위해서는 그 사람들과의 협력이 불가피하기 때문이다. 내가 인도인의 장점을 신속하고 깊이 이해하려 했던 이유도 여기에 있다.

인도인은 적응 능력이 뛰어나다

내가 이해한 인도인의 장점은 첫째, 세계화에 대한 적응 능력이 뛰어나다는 것이다. 인도인을 상대하면서 어떤 면에서는 그들이 우리보다 매우 성숙되어 있다는 것을 느꼈다. 같은 나이의 한국 직원보다 훨씬 아는 것도 많고 비즈니스 감각도 뛰어나다. 인도인은 날 때부터 세계화에 친숙하다. 그것은 인도가 가지고 있는 독특한 사회 문화적 배경 때문이다.

첫째, 인도는 영어가 공용어 중의 하나여서 영어 사용이 일상화되어 있다. 영어를 일상생활에서 사용한다는 것은 그만큼 넓은 세계를 볼 수 있는 기회가 많다는 것을 의미한다. 영어 신문이나 영어 방송 등을 통한 세계와의 직접적인 접촉이 훨씬 많고 용이하다. 영어를 공용어로 사용한다는 것은 세계화를 향한 중요한 인프라다.

둘째, 인도가 다문화 사회라는 점은 세계화의 중요한 장점이다. 예를 들어 인도 안에서도 어떤 동네는 옆 동네와 언어가 다르고 글씨도 완전히 다르다. 공식 언어는 24개가 넘고, 화폐에 표시된 언어만 15개 정도다. 심지어 국회의사당에 통역 시설이 있을 정도다. 출신 지역에 따라 사용하는 언어가 달라 통역 없이는 서로 의사소통이 안 되기 때문이다.

이러한 단면을 보여 주는 좋은 예가 있다. 인도 북부 분쟁 지역인 캐시미르(Kashmir) 지방의 수도인 스리나가르(Srinagar)에 있는 대리점을 방문한 적이 있다. 이 대리점 주인은 학교에서는 영어를 배웠고, 국어시간에는 공용어인 힌디어를 배웠다. 그리고 이슬람교도여서 모스크에서는 코란의 언어인 아랍어를 사용하고, 동네에서는 그 지방 언어인 캐시미르어를 사용했다. 그와 가족은 4가지 언어를 구사하면서 살아가는 것이다. 그리고 보통 옆 지방의 언어 하나 정도는 자유롭게 사용한다. 이처럼 인도인은 우리가 상상할 수 없을 정도로 다언어, 다문화 속에서 살아가고 있다. 이것이 단점으로 작용해 일관된 생산, 대량생산에는 걸림돌이 될 수도 있겠지만 다양한 사고를 요구하는 21세기에는 창의적인 사고를 키우는 데 훨씬 유리한 문화다. 인도인이 세계 곳곳에서 특히 IT 소프트웨어 산업과 컨설팅 업종에서 뛰어난 재능을 보이는 이유가 바로 이런 사회적 배경 때문이라고 생각한다.

또한 인도는 다인종의 사회이다. 인도인을 보면 아주 검은 사람부터 백인에 가까운 사람까지 여러 인종이 섞여 살아가고 있다. 수십 마리의 뱀과 한 방에서 살아가는 부족이 있는가 하면 문명을 거부하고 깊은 오지에서 원시 상태로 살아가는 인종도 있다. 이렇게 다문화·다인종 사회는 인도인이 세계를 이해하고 포용하는데 긍정적인 작용을 하고 있다.

셋째, 인도인은 숫자에 강하고 논리적이고 이론적이다. 그들의 사고는 단순하지 않다. 인도인의 종교적·철학적 성향이 보이지 않는 개념을 설정하고 설명하는 능력을 키웠으리라 생각된다. 인도의 유명 관광지 바라나시(Varanasi)에서 만난 한 안내인은 인도의 신을 설명하면서 그 수많은 신(神) 위에 있는 것을 절대자(Almighty) 또는 무(Nothing)라고 표현했다. 아주 간결하고 대단한 결론이라 두고두고 회상된다. 절대자와 무(無)를 동일시하는 사고는 노자의 도덕경에 나오는 도(道)를 생각나게 했다.

인도인은 말을 아주 잘 한다. 국제회의에서 발언할 때 항상 많은 시간을 독차지하는 것이 인도 사람들이다. 이런 사고는 상상력과 논리가 필요한 마케팅에서 특히 뛰어난 능력을 나타낸다. 인도에서 수학의 '영(Zero)'이라는 개념이 나왔다는 것도 결코 우연이 아닐 것이다.

인도인들은 쉽게 화를 내지 않는다

이 밖에 인도인의 장점 중 하나는 우리보다 훨씬 참을성이 많고 쉽게 화를 내지 않는다는 점이다. 인도 종업원의 가장 큰 불만은 한국 사람들이 너무 쉽게, 빨리 화를 낸다는 것이다. 인도 사업 진출 초기에 인도 종업원과 한국 파견사원간의 갈등도 이 문제에서 비롯되었다. 인도인은 잘 흥분하고 쉽게 화를 내는 한국 사람들의 모습을 이해하기 힘들었던 것이다. 그것은 한국인이 마음 깊은 곳에서 인도인을 이해하기보다는 편견을 갖고 무시하기 때문이기도 했다. 그러나 사회·문화적으로 인내심이 많은 인도인은 그런 모습을 잘 소화할 수 없었다. 싸움에서는 언제나 쉽게 흥분하는 사람이 지는 법이다.

인도 직원들은 한국 직원들과는 달리, 업무에서 벌어진 감정과 개인 감정을 구별할 줄 안다. 나는 인도 직원들이 회의할 때는 격론을 벌여도 회의 후에는 아무 일이 없었다는 것처럼 서로 잘 지내는 것이 부러웠다. 이런 경험이 있다. 텔레비전 생산과 납기일 문제로 영업 담당과 생산 담당이 서로 잘못이 없다고 심하게 싸웠다. 우리 같았다면 원수가 될 수도 있는 험악한 상황까지 갔다. 그러나 그 후에는 서로 잘 지내는 것을 보고 신기하게 생각하곤 했다.

우리나라 사람들은 공개석상에서 토론하는 것에 익숙하지 않다. 그 이유는 여러 가지 있을 수 있겠지만, 토론 문화의 측면에서 보면 각기 다양한 의견이 있을 수 있다는 사실에 익숙하지 못한 것이다. 그래서 나중에 말하는 사람은 먼저 나온 의견을 공격하려는 마음을 갖거나, 듣는 사람도 또 하나의 의견으로 받아들이지 못하고 자기 의견을 무시하는 것으로 착각한다. 이것 또한 문화적 차이에서 오는 현상이다. 예를 들어 수많은 신을 믿는 인도인들은 포용력이 강한 문화로 발전하고 있는 반면 단일민족, 단일 언어 문화권을 자부하는 우리는 통일되고, 일사분란한 것을 장점으로 생각한다. 이것은 현실에서 매우 다른 기업 문화를 갖게 하는 것이다.

나는 회의할 때 중립을 지키고 인도 직원들끼리의 토론을 유도하는 경우가 많은데, 그 시간이 정말 길고 너무 활발해서 문제다. 그들의 토론 문화에서는 우리처럼 서로 이야기하지 않으려는 태도는 찾을 수가 없다. 너무 시간이 많이 소요되고 중구난방이라고 생각되면 나 없이 별도로 회의를 하고 정리해서 다음 날 결과를 발표토록 하는 방법으로 내부의 토론과 합의를 중요시했다.

회사 영업에 관한 많은 조정 업무를 초기에는 한국 파견사원 중 경리 및 금융 담당 부사장이 담당했다. 이 직원이 떠난 후에는 기획 담당 인도 관리자가 하도록 했다. 그 이유는 인도 직원끼리의 토론과 결정을 더 중요시했기 때문이다. 한국인이 빠진 회의에서 인도인들이 좀 더 자유로운 토론이 가능하다고 보았고, 이런 결정은 적중했다.

자존심을 존중하라

인도인은 세상 누구보다 자존심이 강한 사람들이다. 자기의 역사와 문화에 대한 자부심은 물론이고, 세계 속에서 활동하고 있는 인도인들의 활약상에 대한 자긍심도 대단하다. 인도는 세계인들이 우러르는 간디를 배출한 나라이며, 세계 IT 산업을 주도하는 나라다. 이런 인도인들의 자존심을 무시한 채 그들의 삶의 모습만 보고 '무식하고 더러운 민족'으로 치부해 버린다면 불행한 사건들이 발생하고 만다.

북동쪽에 있는 콜카타(Kolkata)를 방문했을 때 일이다. 몇몇 대리점 점장들을 호텔로 초대해서 저녁 만찬을 했다. 그런데 다음 날 아침 일찍 초대받지 못한 큰 대리점 점장이 호텔로 찾아와 심하게 불평을 했다. 자기들이 무시당했다는 것이다. 알고 보니 현지 지사장이 대리점에 자극을 주려고 의도적으로 초청하지 않은 것이었다. 나는 그런 지사장의 결정을 존중하고 이해하지만 예의상 정중하게 사과하면서 그들의 자존심을 존중해줬다. 그리고 관계를 잘 유지하도록 노력하자고 위로했다.

인도 사회는 가족 중심, 가까운 사람들끼리의 관계를 중시하는 문화가 있기 때문에 작은 일도 우리가 생각하는 것보다 훨씬 심각하게 영향을 줄 수 있다. 그래서 어느 지역에서 저녁 모임에 누구를 초청하느냐가 대단히 중요한 영업 수단이 되는 것이다.

사람은 자신을 인정하는 사람에게 충성한다. 아무리 화가 나더라도 현지인들의 자존심을 건드리는 말과 행동은 하지 않도록 조심해야 한다. 오히려 그들을 존중하는 마음으로 격려하고 도와야 한다.

사람은 누구나 자존심이 있다. 자기 스스로 자기 가치를 모르는 사람은 제대로 된 인간으로 살아갈 수 없다. 자기보다 잘 살거나 높은 상관 앞에서는 불합리한 명령이나 태도에 순응하는 척 할지라도 마음은 딴 데 가 있다. 세계화의 길은 함께 하는 사

람들의 자존심을 인정하고 그들과 함께 걸어가는 데서 찾을 수
있다.

Credo 3
그 나라의 노동시장을 잘 이해해야 한다

기업은 자신이 속한 사회의 노동 환경에 영향을 주고받는다. 그렇기 때문에 한 기업이 세계화의 여정 속에서 그 지역에 뿌리를 내리고 성공적인 경영 활동을 하려면 현지의 노동 정책을 잘 파악해야 한다.

많은 사람들이 인도의 노동 정책은 여러 가지로 규제가 많고, 직원을 해고하기도 어려워 사업하기 어렵다고 말한다. 부분적으로 사실이다. 그러나 내가 지난 10년 동안 경험한 인도의 노동 현장은 대단히 합리적이고, 기업을 방해하려는 적극적인 행동을 하지 않는다. 몇 가지 구체적인 예를 들어 보자.

첫 번째 사례는 비정규직 문제다. 인도에도 우리나라와 마찬가지로 임시직 혹은 계약직 등의 비정규직 문제에 관한 규정이 있으나, 현장 감사를 통해 면밀히 조사하는 일은 없다. 우리와 같은 회사는 규정을 잘 지키려고 하지만 면밀히 조사하면 위반 사항이 하나도 없을 수는 없는데, 다행히 현장 감사가 없었다. 이유를 알아보니 현장 감사를 금지시키고 있다고 한다. 규정 미준수가 약간 있더라도 그보다는 어떤 형태로든 고용이 중요하다는 판단에서다. 대단히 사려 깊은 정책이라고 생각한다. 만약 현장 감사를 과도하게 허용할 경우 이를 미끼로 한 부패가 생길 수 있기 때문에 역효과를 염려한다는 것이다. 참으로 현명한 처사다. 얼마나 많은 위정자들이 합리적인 노동 정책이라는 명목으로 법을 만들고, 집행한다는 명목으로 기업 활동을 위축시키고 괴롭혔던가? 나는 10년 동안 인도 정부로부터 노동 문제로 괴롭힘을 당한 경우가 없었다.

두 번째 사례로, 2~3년 전에 인도정부는 최하 계급인 불가촉천민(The Untouchable) 또는 달리트(Dalit)의 의무 고용 비율을 올리는 입법을 했다. 그러나 그 법의 시행령을 미루고 있다는 것이다. 인도 정치인들이 국민의 표를 의식하여 입법을 했지만 기업들이 반대하니 시행을 미루고 다각도로 검토하고 있는 중이란다. 되도록 기업 활동을 위축시키지 않기 위해 무리한 실행을 감행하지 않으려는 인도 노동 정책의 단면을 볼 수 있는 대목이다.

중국과 비슷한 조건을 놓고 비교해 봤을 때, 중국은 내륙과 동부 연안의 개발, 임금 등 여러 가지로 심각한 불균형을 이루고 있으나 인도는 거주 이전의 완전한 자유가 있다. 또한 주 정부의 독립성이 강하고 국회의원이 각자 자기 지방을 강력하게 대변하기 때문에 중국보다는 불균형이 심하지 않다. 중앙 행정력이 미치지 않는 오지에서는 주 정부와 연방 정부 차원에서 독특한 세제 지원으로 특별 육성 프로그램을 만들어 기업을 유치하고 있다. 인도에서의 비즈니스는 이런 특별한 세제 지원 제도를 잘 이용해야 성공할 수 있다.

인도의 현장 근로자들은 이직률이 거의 없는 반면, 관리·사무·연구 그리고 판매 담당 직원들, 즉 화이트칼라의 이직률은 높다. 인도에 진출하는 회사가 늘어나면서 새로운 고용의 기회가 급속도로 늘어가고 있기 때문이다. 회사 전체로는 이직률이 10% 정도지만 사무·연구직만을 염두에 두면 20%에 가깝다. 하지만 긍정적인 측면은 취직의 기회가 많기 때문에 성과가 나쁜 직원에 대한 권고사직이 쉽다.

인도인들에게는 평생직장 개념이 없다

인도인들에게는 평생직장의 개념이 없고 자기계발을 위하여 이곳저곳으로 옮기는 것을 당연하며 좋게 생각하는 측면이 있다. 따라서 일을 잘하는 한 사람에게 모든 업무를 의지하는 것은 굉장히 위험한 인사 관리 방법이다. 항상 조직은 협조할 것은 협력하되 철저하게 상호경쟁을 하도록 운영해야 한다. 나는 직원들에게 우리 회사에서 열심히 일해서 많이 배운 후 더 좋은 다른 회사로 월급 두 배 받고 가라고 말한다. 그러나 덧붙여서 우리 회사에서 성공하지 못한 사람은 절대로 다른 회사에서 성공할 수 없다고 말한다.

좋은 직장을 찾아 자발적으로 나갔다가 다시 돌아오는 경우도 있다. 처음에는 수용하지 않았다. 그러나 다시 받아들이기로 해서 많은 사람이 다시 돌아온 경우가 있었다. 그러나 몇 년을 두고 보면 역시 한 번 나갔던 사람이 다시 나가는 확률이 훨씬 높은 것을 발견할 수 있었다.

인도 직원의 충성심에 대해서는 높은 점수를 줄 수 있지만 한국식의 충성을 기대하는 것은 잘못이다. 회사가 기회를 주고 미래를 보여줄 때 종업원이 열심히 하고 회사에 충성을 하게 된다. 그리고 더 좋은 기회가 있을 때는 주저없이 옮긴다. 인도인들은 직장을 고를 때 자신이 배울 것이 있는 회사인가, 자기를 계발시킬 기회를 주는 회사인가 여부를 가장 중요시 한다. 한국보다 직장을 보는 눈이 앞서 있다.

인도의 인재는 세계에서 통한다

인도는 단순히 시장이나 생산 기지로만 볼 것이 아니라 좋은 인적자원의 글로벌 공급 기지로 활용하도록 해야 한다. 인도에서 우수한 종업원은 세계 어느 나라에서도 훌륭하게 근무할 수 있다. 나는 지난 10년 동안 100여 명의 인도 기술자들을 한국의 연구직으로 보냈다. 몇 년 후 귀국을 원하는 경우 다시 인도에 돌아와 근무하든지, 원하면 다른 회사로 갈 수도 있는 것이다.

또 동유럽에 새로 만드는 공장에 인도 공장의 우수한 관리직 사원을 보내 관리 체계를 만드는 일을 맡겼는데, 그는 지금도 현지에서 잘 근무하고 있다. 그리고 한국 직원들이 기피하는 아프리카의 지사에 10년 동안 100명 가까운 인도인을 영업 사원으로 파견하여 좋은 성과를 내고 있다.

해외 법인에서 성공한 경험이 있는 유능한 인재를 많이 확보할 수 있다는 것이 얼마나 중요한지 더 이상 설명할 필요가 없을 것이다.

Credo 4
남을 따뜻하게 배려하는 것이 행복이다

나의 편의보다는 다수의 시선을 배려하는 마음

각 나라마다 고유한 문화와 가치관에 따르는 예절들이 있다. 그 예의를 따르는 것 또한 세계시민으로서 지녀야 할 중요한 덕목이다.

두바이에서는 아파트의 발코니에 빨래를 널더라도 밖에서 안 보이게 널도록 규제한다. 미국 뉴저지에서도 아파트의 발코니가 지저분하지 않도록 간섭한다. 그런데 한국에서는 빨래뿐 아니라 이불도 창밖에 걸쳐 널어 햇볕에 말리는 것이 예사로운 일이다. 남에게 혐오감을 안 주고 아파트 전체의 미관을 위하여 만든 그 나라만의 규칙이 있다면 그것을 따르는 것이 예의다.

미국에서 살 때 나는 저녁이면 반바지에 슬리퍼를 신고 슈퍼마켓에 가곤 했는데 미국인은 아무도 슬리퍼를 신고 오지 않았다. 미국인은 청바지를 입더라도 깨끗하게 다려 입고 오는 것을 보고 남을 배려하는 마음이 우리보다 앞선 것을 느낄 수 있었다.

인도의 골프장에서는 반바지가 허용되지만 식당에서는 반바지를 허용하지 않는 곳이 많았다. 깨끗하고 상쾌하면서 고급스러운 식당의 분위기를 위해서 필요한 규제다. 그런데 인도 뉴델리에서 고급 호텔로 통하는 니코(Niko)호텔의 일식당에 일본인이 반바지를 입고 들어와 식사하는 것을 많이 보았다. 오히려 통제하지 않는 식당의 방침이 이상해 보였다. 식당에 갈 때 깨끗하고 단정한 복장뿐 아니라 종업원에게 공손하게 대하고 큰 소리로 이야기하지 않는 것도 우리가 간과하기 쉬운 예절이다. 이런 예의들을 작은 것으로 지나치기 쉽다. 그러나 이런 예의를 함께 지켜나갈 때 그 사회 속에서 인정받고 또 자신의 기업 활동 또한 원활하게 펼쳐 나갈 수 있는 것이다.

현지인에 대한 애정 없이는 성공도 없다

버트런드 러셀은 사물이나 사람에게 따뜻한 정을 가질 때 행복해질 수 있다고 말했다. 인권은 천부권이라고도 한다. 하늘에서 주어진 것이라는 말이다. 그래서 인종이나 국가, 남녀노소 할 것 없이 한 사람 한 사람에게는 고유한 인권이 있다. 세계시민으로 가져야 할 올바른 마음자세는 인간을 사랑하고 존중하며 그들의 인격을 배려하는 인간애다. 인간애는 국경과 민족을 초월하는 인간 사랑을 말한다. 이런 마음 없이 우리는 세계시민이 될 수 없고, 세계 기업으로 성장할 수 없다.

인도의 한인 교회에서 많은 사람들이 조국을 위해 기도하는 것을 보았다. 그런데 왜 지금 자신들이 살고 있고, 기업이 의존하고 있는 나라를 위해서는 기도하지 않는지 안타까운 마음이 들었다. 신 앞에 국적이 따로 있는가? 인권을 이야기하고 인간 사랑을 이야기하는데 국가나 민족의 구별이 어디 있겠는가?

우리나라 신문을 보면 외국 근로자에 대한 부당한 대우나 불법 이주 노동자들에 대한 반인권적인 사례가 심심치 않게 등장한다. 참으로 안타까운 일이다. 우리 또한 불과 몇 십년 전, 일본이나 중국, 독일에서 이주 노동자로 어려운 삶을 살았다는 기억을 잊었는가? 그리고 지금 세계 곳곳에서 우리 또한 똑같이 보복당할 수 있다는 사실을 명심해야 한다. 실제로 아시아에서 그런 일들이 벌어지고 있다. 이것은 세계화의 길에 큰 장애물이다.

한편, 우리나라 사람 중에도 어려움에 처해 있는 이주 노동자들의 인권을 위해 노력하는 사람들도 있다. 미국인들은 자국의 멕시코 국경도시에서 불법 밀입국자를 위한 인권 활동을 하고 있다. 세계 어디서나 잘잘못을 떠나 누구나 인간으로, 세계시민으로 보호받아야 한다. 인권을 존중하고 인간을 사랑하는 행위가 우선되어야 한다.

외국에서 기업 활동을 하면서 그 나라 사람에 대한 따뜻한 애정 없이는 절대 기업을 성공하게 할 수 없다. 사물이나 사람에게 따뜻한 정을 가지고 있을 때 개인 또한 행복해질 수 있다. 그렇게 행복한 삶이 곧 선한 삶이다.

Credo 5
친환경적인 삶의 태도가 필요하다

환경문제의 심각성이 전 세계적으로 확산되고 있다. 대규모 자연재해는 물론이고 기후변화에 따른 많은 이변들이 일어나고 있다. 지진과 홍수의 피해조차 세계화되고 있다. 이렇게 세계적으로 심각하게 환경 재앙이 진행되고 있는 상황 속에서, 개인이나 기업이 이런 심각한 환경의 현실을 도외시할 수는 없다. 우리는 인류의 유일한 자산인 지구를 잘 보존해서 다음 세대에 넘겨야 할 의무가 있다. 그러기 위해서는 환경문제에 대해 책임을 공유하고 그것을 실천해야 한다.

예를 들어 우리가 육류 소비량을 1/3만 줄여도 산림이 더욱 우거지고 바다의 생물들이 더 번창할 것이다. 멸종 위기에 처한 동식물을 구하는 것도 중요한 환경 보존의 길이다. 어느 날 우리 인간도 그 멸종 의미의 동식물 중 하나가 될 날이 올 것이니 말이다.

많은 국가가 플라스틱으로 만든 봉지에 높은 가격을 부과해서 봉지 사용 감소 효과를 보고 있다. 우리의 일상생활 속에서 친환경적인 삶을 살 수 있는 방법은 많다. 그러한 친환경적인 사고와 실천을 위해서는 무엇보다도 교육이 중요한다. 좋은 습관을 형성하기 위해 어렸을 때부터 친환경 정신이 체화되어야 하기 때문이다.

기업 활동이나 자신의 이익을 위해 일방적으로 환경을 해쳐서는 안 된다. 한 예로, 인도의 환경오염은 심각하다. 인도 하천의 오염도는 눈 뜨고 보고 싶지 않을 정도다. 더러움과 악취는 세계에서 일등이라 해도 무색하지 않을 것이다. 이런 인도에서 어떻게 친환경적인 기업을 운영할 수 있을까 고민하지 않을 수 없었다. 그래서 나는 적어도 우리 공장만이라도 폐수처리 시설을 잘 설치해 폐수가 한 방울도 밖으로 나가지 않도록 노력했다. 또한 직원들의 자동차 사용을 줄이기 위해 '자동차 함께 타기 운동(Car Pool)'을 권장했다. 공장에 주차장이 부족하다고 불평해도 절대 늘려주지 않았다. 이 밖에도 다른 합리적인 방법을 찾아내 회사에 들어오는 차량을 줄이도록 유도했다. 자동차 함께 타기의 경우 거기에 따른 결과에 따라 매월 상을 주면서 독려했다. 자전거를 많이 타는 나라가 선진국이라는 생각에 가능하면 자전거를 이용하도록 권했다.

최근 세계적으로 대체 에너지 산업이 급성장하고 있다. 독일은 전체 에너지의 20%를 태양이나 풍력을 이용하는 신재생 에너지에 의존하고 있고, 2030년까지 50%로 올리려는 계획을 갖고 있다. 반면 한국은 겨우 1.2% 만이 폐기물에서 에너지를 창출하고 있고 태양 에너지는 거의 전무한 수준이다. 분발해야 한다.

세계시민은 친환경 의식을 가져야 한다

많은 회사들이 친환경 기업으로서 자기 역할을 수행하려고 노력한다. 이것은 매우 바람직한 일이다. 그러나 한 가지 더 생각해야 할 것은 회사 자체가 친환경적인 문화로 변모해야 한다는 점이다. 즉 환경 운동을 위해 기부하는 것도 중요하지만 회사 주변, 공장 환경을 친환경적으로 바꿔가는 것이 더 중요한 기여라고 생각한다.

나는 1998년 공장 준공 이후부터 10년 동안 매년 수백 그루씩 나무를 열심히 심어 세계에서 가장 나무 많은 공장으로 만들려고 노력했다. 가장 살기 좋은 도시는 어떤 도시인가? 나는 나무가 많은 도시가 가장 좋은 도시라고 생각한다. 같은 논리로 이야기하자면, 가장 깨끗하고 좋은 공장은 어떤 공장인가? 그것역시 나무가 많은 공장이다. 매년 수백 그루의 나무를 심은 공장

을 10년 후 다시 방문해 보면 나무와 숲 속의 공장이 되어 있을
것이다.

　그뿐만 아니라 공장 앞에 아주 넓은 잔디밭을 만들어 토끼,
오리 등을 놓아 기르고 연못과 분수를 만들어 물고기들이 살 수
있도록 했다. 자칫 삭막하기 쉬운 공장을 동물들이 잘 살 수 있는
동물원과 나무가 많은 산 속으로 만들려고 노력했다. 이런 노력
의 결과로 매년 인근 지역에서 시상하는 '가장 아름다운 정원' 상
을 수상해 직원들이 큰 자랑으로 여겼다.

　이처럼 세계시민은 친환경 의식을 가져야 한다. 세계에서
활동하는 기업이나 개인은 자기 나라가 아니라는 생각으로 환경
문제를 등한시해서는 안 된다. 지구는 하나다.

Credo 6
다른 것이 아름다운 것이다

세계시민으로서 우리는 당연히 이웃 나라와 국민의 삶에 관심을 가져야 한다. 자신의 것, 자국민에게만 관심을 가져서는 세계시민이 될 수 없다. 이웃 나라에서 뭘 먹고 사는지, 때로는 무엇 때문에 죽어가는지에 관심을 가지고 동참해야 한다.

예를 들어 중국이 아프리카 수단의 인권유린 사태를 방관했다는 비판이 일자 세계적인 여론이 중국을 비판했다. 수단과 무역 및 무기 거래로 막대한 경제적 이해관계가 있는 중국이 수단에게 적극적으로 압력을 가해 수단의 인권유린 사태를 중지하도록 전 세계가 들고 일어난 것이다. 유명한 미국의 영화감독인 스필버그(Steven Spielberg) 감독이 중국 올림픽 협조를 거부한 것이 도화선이 되어 전 세계 지성인들이 중국을 압박했다.

2007년 미얀마(Myanmar)의 난민을 받아들인 나라들 중 일본이 45명, 프랑스가 1만 명, 미국이 2만 명을 수용했다는 기사를 보았다. 문득 "상대적으로 이렇게 소극적인 일본이 국제사회에서 어떤 대접을 받을까?"라는 생각이 떠올랐다. 세계시민이 되려면 세계적인 이슈에 관심을 갖고 그것에 각자가 할 수 있는 만큼 참여해야 하는 것이 당연한 도리이다.

세계화의 속도가 빠르게 진행되는 지금은 오로지 자국만의 문제, 자국민만의 문제는 있을 수 없다. 서로가 긴밀하게 영향을 주고받고 있기 때문이다. 인도 하층민의 문제가 더 이상 인도만의 문제가 아니며, 인도 북쪽의 캐시미르(Kashmir) 분쟁도 인도와 파키스탄만의 문제가 아니다. 마찬가지로 우리 남북한의 문제는 국제사회 속에서는 전 세계의 문제다. 이제 우리는 세계시민으로서 이웃에게 관심을 갖고 영향을 끼치면서 살아가는 지구촌의 시민인 것이다. 동참한다는 것은 외국의 움직임을 관심있게 보는 것에서 출발한다. 그들의 문제에 관심을 가지고 그들의 현실을 이해하는 것이 동참의 시작이다. 관심 자체가 이미 애정의 출발인 것이다. 세계시민으로서 이웃 나라에 관심을 갖고 외국인을 애정으로 바라보는 마음과 태도야말로 훌륭한 시민의 첫 걸음이요, 훌륭한 세계 기업의 일꾼이 되는 길이다. 기업은 기업으로 사회적 책임을 다하는 것이 시대의 변화에 동참하는 것이며, 그것이 기업의 세계화에 기여하는 결과를 낳는다.

Part 2

Openness

내가 없어질 때(無己) 상대방이 보인다

나는 건전한 개인주의를 믿는다. 진정으로 각 개인의 자유와 개성이 존중되는 사회가 세계화된 사회라고 할 수 있다. 기업 운영에서도 전체 때문에 개인의 자유와 개성이 희생되지 않아야 창의력이 높아진다. 건강한 개인이 모여 건강한 가정을 이루고 건전한 사회를 이룰 수 있다.

Credo 7
세계가 이웃이다

세계화의 물결 속에서 기업이 성공하기 위해서는 구성원 자신이 먼저 훌륭한 세계시민이 되어야 한다. 기업은 사회의 일원이다. 그래서 우리 사회 전체가 훌륭한 세계시민으로 채워질 때 기업 역시 훌륭한 세계 기업 또는 세계화된 기업이 될 수 있다.

그렇다면 훌륭한 세계시민이란 어떤 사람들일까? 지금부터 서술할 내용은 지난 30여 년 동안의 외국 생활 속에서 겪는 경험을 통해 체화된 내용들이다.

다른 문화를 귀하게 여기는 사람이 세계시민이다

세계시민은 다양성을 존중하고 수용하는 열린 마음 또는 개방적 태도를 지닌 사람들이다. 다른 문화를 존중하고 귀하게 여기는 사람들이 세계시민으로서 자질을 가지게 된다. 그들은 타인에게 관용을 실천하는 사람들이다.

중동 문화를 예로 들어보자. 우리는 미국 언론의 영향 때문에 이슬람교에 대해 부정적인 견해를 가지고 있다. 그러나 나는 중동 두바이에서 3년을 살면서 이슬람교의 좋은 점을 많이 보고 느꼈다. 사막에서 살아가는 그들의 삶은 소박하고 단순했다. 신의 뜻에 따라 사는 것 자체가 축복이라 믿고 이겨 나가는 모습이었다. 큰 스피커를 통해서 시시때때로 들려오는 구성진 이슬람교도의 기도 소리는 마음을 차분하게 해 주었다. 사무실에서 찻잔을 나르는 인도인 하인과 아랍인 주인의 태도가 그렇게 평등해 보이는 것도 종교의 좋은 영향이었다.

두바이를 떠난 후 15년 만에 다시 영업 거래선을 찾아갔다. 놀랍게도 응접실에서 차를 나르던 여직원은 그대로 일하고 있었고, 다른 가게의 인도 종업원도 그대로 일하고 있었다. 한번 믿고 일하면 오래 가족처럼 관계를 유지하는 아랍의 좋은 문화를 엿볼 수 있었다. 이렇게 평화롭고 소박한 이웃집 사람 같은 아랍인이 대부분인데, 극소수의 극단주의자 때문에 이슬람 전체를 부정적으로 판단한다면 건전한 세계시민이라고 할 수 없다.

인도에서 살면서 당혹스럽고 안타까웠던 일은 내가 다니던 교회의 목사가 끊임없이 힌두교를 다신교라고 비판하는 모습이었다. 아무리 자신의 종교관 때문이라고는 하지만 다른 종교를 일방적으로 매도하는 듯한 설교나 말은 자제해야 한다. 인도에 살면 인도의 좋은 점을 발견하려고 노력해야 한다. 우리 종업원, 우리 협력업체의 신앙을 존중하는 태도 없이 좋은 관계가 어떻게 유지될 수 있겠는가?

1981년 경 미국 시카고에서의 일이다. 한 거래처 사람이 식사하는 자리에서 나에게 결혼했느냐고 묻기에, "당연히 했지!(Of course)"라고 말했더니 상대방이 이상하다는 표정을 지었다. 그들에게는 결혼한다는 것이 당연한 통과의례가 아니었던 것이다. 25년이 지난 지금 한국 사회는 서서히 독신주의자가 나타나고 늦은 결혼의 풍속이 생기고 있지만 우리에게 결혼이란 여전히 '당연한 일'의 범주에 속한다. 결혼에 대한 생각도 이렇게 다를 수 있다.

이견과 논쟁이 많을수록 건강한 조직이다

다양한 의견을 장점으로 여기는 조직에서 최고의 창의력이 발휘된다. 경영학자들이 합의나 조정보다 이견과 논쟁이 많은 조직이 건강한 조직이라고 말하는 이유를 깊이 새겨볼 필요가 있다. 질서보다 혼돈 속에서 생명이 탄생하고 창의성이 생긴다는 의미가 아닐까? 다른 생각, 다른 의견, 다른 믿음을 존중하는 마음과 태도가 필요하다. 또한 외국 사람들을 만날 때 혹은 함께 일을 할 때 국적이나 민족에 상관없이 그 사람의 자유와 개성을 존중하는 것이 세계화의 근본이며 세계시민의 자질이다.

다수의 여론과 관습으로 개인의 의견과 취향을 무시하고 짓밟는 것은 자유를 억압하는 것이다. 개성이 존중되는 사회가 바로 행복한 사회다. 독일의 뒤셀도르프에 근무할 때 놀라운 이야기를 들었다. 국제학교(International School)에 다니는 고등학생은 부모의 승낙이 있으면 학교의 지정 장소에서 담배를 피울 수 있다는 것이다. 우리나라 고등학교에서는 상상할 수 없는 일이다. 그러나 돌이켜 생각해보니, 숨어서 몰래 담배를 피우게 하는 것보다 훨씬 잘 하는 것이다.

나는 건전한 개인주의를 믿는다. 진정으로 각 개인의 자유와 개성이 존중되는 사회가 세계화된 사회라고 할 수 있다. 기업 운영에서도 전체 때문에 개인의 자유와 개성이 희생되지 않아야 창의력이 높아진다. 건강한 개인이 모여 건강한 가정을 이루고 건전한 사회를 이룰 수 있다. 세계시민이 된다는 것은 자신의 개성과 창의력을 충분히 발휘할 수 있는 능력을 지닌 사람이 되는 것을 뜻한다.

Credo 8
믿음이 사람을 움직인다

경영에서 중요한 것은 개인의 능력 이전에 함께 일하는 사람에 대한 믿음이다. 기업이나 조직의 성공은 사람에 대한 믿음에서 비롯된다고 해도 과언이 아니다.

인도는 세계 어느 나라보다도 사람에 대한 믿음을 가장 많이 시험하는 곳이다. 왜냐하면 외국인들 사이에 '인도인은 믿지 못한다. 믿어서도 안 된다'라는 생각이 팽배해 있기 때문이다.

나는 인도에서 많은 한국인이 인도인을 가혹하고 엄격하게 판단하는 모습을 수 없이 보았다. 또 그들은 인도인의 말과 행동을 믿지 않고, 그들의 행동을 불만족스럽게 생각했다. 이런 태도와 행동은 상대방의 장점을 보지 못하게 하는 악순환을 낳았다.

나는 오히려 오랜 기간 인도 상인과 거래하면서 그들의 장점을 많이 보았다. 그들은 검소하고 소박하며 형제, 가족 간의 우의가 돈독하고 진실하다. 나는 인도인이 우수한 자질과 충성심을 가지고 있으며 성실하다는 믿음 속에서 그들과 함께 1등 기업을 만들어 갔다. 반면 그들의 단점은 잘 떠오르지 않는다. 내가 10년을 함께 근무한 인도 직원들에게서도 그렇게 큰 단점을 찾을 수 없었던 것은 그들을 만족스러워운 마음으로 바라봤기 때문이다.

왜 같은 사람들을 보면서도 하늘과 땅 차이의 평가가 나오는 것일까? 옛말에 있음과 없음이 서로 통하고(有無相通), 불행과 행복이 같은 문에서 나온다 했다(禍福同門). 이 말을 사람에 적용해 보면, 똑같은 사람도 어떤 생각으로 어떻게 대하느냐에 따라 천사도 될 수 있고 악마도 될 수 있다. 같은 인도인을 보고도 극단적인 견해가 존재하는 이유가 여기에 있다.

믿음이 사람을 움직인다

인도에서 10년 동안 가장 많이 받은 질문은 '정말로 인도인을 믿는가?' 하는 것이었다. 이 질문의 배경에는 '인도인은 믿을 수 없다'라는 일반인의 통념이 깔려 있다. 그런 통념을 전제로 "사람에 대한 강한 믿음 없이는 결코 성공할 수 없다"는 나의 신념을 되물어 보는 것이다. "정말로 인도인을 믿느냐?"라는 질문에 나는 항상 "그렇다"라고 대답했다.

내가 믿는 만큼 직원들은 나에게 충성한다. 보통 사람의 경우 자기는 상대방을 절반밖에 안 믿으면서 상대방은 자신을 전부 믿어주길 기대한다. 99%의 사람이 그렇다. 이것은 옳지 않다.

사람을 안 믿고, 또 못 믿으면서 그 사람에게 조직에 충성하라고 요구하는 것은 이치에 안 맞는다. 나중에 나쁜 결과가 나올망정 일단 믿고 시작해야 한다. 이것은 비단 인도인에 대한 태도만이 아니다. 어떤 직업을 가졌든 당신이 한 조직의 리더라면 사람을 대할 때 믿음으로 출발해야 한다.

인간에 대한 믿음과 신뢰는 상대방을 움직이는 가장 훌륭한 철학이고 강력한 도구다. 확신하건대 내가 상대방을 100% 믿는다면 그 사람 또한 나에게 100% 헌신할 것이다. 만약 50%만 믿는다면 그 또한 50%만 능력을 발휘할 것이다. 약간 부족한 사람이라 해도 주위에서 신뢰를 하고 믿어주면 용기가 나고 새로운 힘이 난다. 처음에 회사나 조직에 들어왔을 때는 두려움과 어색함으로 어눌해 보이던 사람이 점차 자신을 믿고 맡기는 분위기 속에서 자신감을 갖고 용기 있게 의견을 발표하고 조직을 이끌어가는 것을 볼 수 있다. 기업이나 조직의 성공 여부는 사람에 대한 믿음에 달려 있다.

인도에서 회사를 경영할 당시 본사가 내세운 중요한 경영 철학은 혁신(Innovation), 열린 마음(Openness), 그리고 동반자 정신

(Partnership)이었다. 이 중에서 나는 열린 마음이 가장 중요하다고 생각한다. 왜냐하면 열린 마음 없이 '혁신과 동반자 정신'은 불가능하다고 믿기 때문이다.

혁신은 현재의 상태를 부정하고 새로운 것을 추구하는 것을 말한다. 그런데 오로지 지금의 상태가 옳다고 생각하고 거기에 안주하려는 '닫힌 마음'으로는 혁신이 있을 수 없다. 닫힌 마음은 결코 창조적 사고를 하지 못한다. 열려 있을 때 비로소 이웃과 세계를 생각하고 그들과 함께 하는 동반자 정신이 솟아난다. 열린 마음이 없으면 새로운 관계도, 진전도 이룰 수 없다. 협력과 협업이 이뤄질 수 없으니 회사로서도 큰 손실이다. 인도에 있으면서 우리나라 주재원들이 이 울타리를 넘지 못해 인도 직원을 불신하고 그들을 이등 국민으로 취급하는 경우를 많이 보았다. 그런 마음으로 같이 일하고 있으니 진정한 동반자로서의 동료 의식이 부족할 수밖에 없었던 것이다. 이런 회사 문화 속에서 진정한 창의력과 혁신은 이뤄질 수 없다.

열린 마음의 중요성은 비단 한 조직 내에만 해당하는 말이 아니다. 열린 마음이 없으면 다른 회사와의 협업이나 동반자 관계도 기대할 수 없다.

Credo 9
최고경영자(CEO)는
최고파괴자(CDO)다

많은 회사가 경영 이론을 담은 아름다운 문구나 철학적인 표현으로 회사의 슬로건을 만들곤 한다. 그 슬로건에는 아주 웅대한 포부가 담겨 있다. 그러나 슬로건을 만드는 것보다 그 슬로건을 실천하는 것이 더 중요하고 어렵다. 슬로건에 담긴 생각과 철학이 지속적인 실천을 통해 회사 전체에 넓고 깊게 뿌리내려야 한다. 그렇게 회사 구석구석, 종업원 한 명 한 명에게 뿌리를 내릴 때 그 신념과 철학은 비로소 문화가 된다.

주위를 돌아보면 너도 나도 열린 마음을 강조하는 모습을 볼 수 있다. 그러나 그런 생각과 철학이 구체화되고 현실화된 조직이나 기업은 그렇게 많지 않다. 왜 그럴까? 실천하지 않으면 슬로건은 한낱 구호에 불과하기 때문이다. 만약 '열린 마음'을 슬로건으로 내세웠다면 개인이든 회사든 그 정신을 토대로 실천적인 열린 경영으로 나아가야 한다.

그렇다면 열린 경영이란 무엇인가? 어떻게 하는 것이 열린 경영의 바람직한 모습이라고 할 수 있겠는가?

조직 내의 다양성을 인정하자

첫째로, 다양성을 수용하는 것이다. 어떤 조직이든 그 안에는 다양한 생각을 가진 다양한 사람들이 있다. 그 다양성은 조직과 회사의 풍요로움을 드러내는 자산이다. 따라서 다양함은 기업과 조직의 걸림돌이 아니라 오히려 발전의 원동력이다.

다양한 구성원을 가진 조직이 건강하고 활기가 넘친다. 예를 들면 같은 회사 안에도 여러 공장이 있을 수 있는데, 내 공장에서만 제품을 잘 만들 수 있다는 생각보다는 다른 공장에서도 더 잘 만들 수 있다는 생각을 가져야 한다. 때로는 큰 공장보다 작은 공장이 더 잘 만들 수 있다는 사실을 믿고 수용할 수 있어야 한다. 그런데 실제로는 자기 것만 좋다고 생각하는 경우가 종종 있다.

인도 경험을 예를 들어 보자. 우리는 두 곳에 큰 공장을 갖고 있었다. 그런데 일부에서는 두 개 공장으로 나눈 것보다는 큰 공장 하나를 만들면 더 효율적이고 생산성도 뛰어날 것이라 비판하곤 했다. 그런 측면도 없지 않다. 두 공장이 멀리 떨어져 있다 보니 여러 가지 불편한 점도 있고 단점도 있기 마련이다. 두 곳이 같은 부품을 중복해서 개발하기도 하고 혁신 활동이 서로 다르게 해석되는 때도 있었다.

그러나 떨어져 있음으로서 생기는 장점도 많다. 인도라는 나라가 가지고 있는 광활한 땅과 다양성의 측면 때문에 두 공장이 북쪽 공장과 남쪽 공장으로 1200km 떨어져 있는 것이 오히려 유리했다. 멀리 떨어져서 다양한 종업원들이 만든 물건들이 다양한 지역과 다양한 고객을 상대하고 판매하는 데 훨씬 효율적이기 때문이다.

다양함이 지닌 가치를 생각하지 못하는 사람들을 보면 안타까운 마음이 든다. 다양한 생각과 활동은 선의의 경쟁에 동기를 부여하고, 서로 배우고 보완할 수 있게 만든다. 다양성의 장점을 모르고 통일되고 획일적인 것만 좋다는 판단은 고루한 생각의 소산이다.

회사 내 다양한 문화를 조화롭게 융화시키는 것 또한 열린 경영의 결과다. 특히 외국에서 기업 활동을 할 때는 이것이 무엇보다 중요하다. 각기 다른 인종과 문화를 이해하면서 다양함 속의 일치를 경험하는 것은 매우 값진 체험이다.

한번은 직원들과 함께 히말라야의 안나푸르나(Annapurna)로 트래킹을 한 적이 있다. 총 100여 명이 참가해 15~20명이 한 팀이 되어 3박 4일 동안 매일 8~9시간씩 강행군하는 프로그램이었다. 새벽에 등반을 시작해서 저녁 6시까지는 목표 지점에 도착해야 했다. 팀마다 한국 파견 직원 3~4명이 인도인들과 섞여 서로 도와주고 끌어주며 산을 오르내렸다. 산을 잘 타지 못하는 동료들을 함께하면서 그 어두운 산길을 걸어야 했다. 저녁 7~8시나 돼서야 힘겹게 목표 지점에 도착하고 함께 저녁식사를 할 즈음에는 일종의 전투애와 동지애가 생겨 기분이 날아갈 것만 같았다. 매우 힘든 산행이었지만 참가자 모두 감명깊은 경험이었다고 회고한다.

이 트래킹을 통해 한국 파견 직원들은 인도 직원들에게 좋은 인상을 심어줄 수 있었다. 왜냐하면 평생 등반을 해 보지 않은 인도 직원들을 많이 도와줬기 때문이다. 이 산행은 한국 직원들과 인도 직원들이 하나 되는 체험이었다. 서로 다른 문화를 이해하고 수용하며 한 덩어리가 되는 아주 소중한 경험이었다.

다른 생각을 수용하는 용기가 필요하다

둘째로, 열린 경영은 나와 다른 생각을 수용하는 용기있는 태도에서 비롯된다. 인도에서 회사를 경영하는 동안 많은 직원들이 찾아와 제안을 하거나 불만을 호소하기도 했다. 그런데 그 제안이나 불만을 받아들이지 않은 경우가 종종 있었다. 그러나 며칠이 지나자 내 판단이 틀렸다는 것을 알게 되었다. 그럴 때는 대화를 나눈 그 직원에게 전화를 하거나 직접 만나 이렇게 말했다.

"그때는 내가 미처 생각하지 못했는데 다시 생각해보니 내 생각보다 당신 생각이 좋은 것 같다."

늦게나마 나의 생각이 틀렸음을 인정하는 것이다. 그렇게 말하면 직원들은 너무나 흐뭇한 표정을 짓곤 했다. 부하직원에게 자신의 잘못을 인정하는 것은 자존심이 손상되는 일이 아니다. 자신의 생각을 바꾸는 것은 자존심의 문제와는 아무 상관없는 아량과 수용의 문제다. 그것을 통해 더 나은 의견을 채택할 수 있다면 뜻 깊고 기쁜 일이다. 중요한 것은 합리적인 판단과 결정이다. 그 생각이 누구의 것이냐는 전혀 문제가 되지 않는다.

나와 다른 생각일지라도 그것이 누구의 것이든 가장 생산적이고 회사에 도움이 되는 생각이라면 그것을 수용하는 합리적인 사람, 합리적인 조직이 되어야 시장에서 일등을 할 수 있다.

한 사람 한 사람을 존중하라

셋째, 열린 경영은 한 사람 한 사람을 존중하는 경영이다. 직원의 회사 생활 만족도 조사에서 가장 중요하게 생각하는 부분은 '일의 보람(Full Appreciation of Work Done)'이라는 연구 결과가 나왔다. 안정적인 급여에서 오는 만족도는 그 다음 순위였다.

직장에서 자신이 이뤄낸 일의 보람을 느낄 수 있으려면 자신이 존중받는다는 확신이 있어야 한다. 열린 경영은 바로 개인한 사람 한 사람을 존중하는 경영 철학이다. 개인을 존중한다는 것은 결국 그 사람의 뜻과 의사를 존중하는 것을 의미한다. 그럴 때 그 사람은 창의성을 발휘하고 자신이 하는 일의 보람을 느끼는 것이다. 모든 직원 한 사람 한 사람의 개성과 자율이 존중되는 직장은 정말 재미있는 직장이요, 창의력이 발휘되는 생산적인 직장이다.

나는 회사를 경영하면서 작은 것 하나에서도 개인을 존중하려 노력했다. 예를 들어 회의할 때 되도록이면 발표 문건을 작성한 사람이 직접 발표하도록 했다. 많은 회사에서는 누가 작성했든지 반드시 책임자가 발표함으로써 발표자를 제한하는데, 이런 회사는 닫힌 회사, 닫힌 문화의 표본이다. 나는 가능하면 새로운 사람에게 발표의 기회를 주도록 유도했다. 회의 때 자신이 준비한 내용을 발표함으로써 스스로 주인의식과 책임감을 갖게 되는 것이다.

훌륭한 조직은 합의와 타협을 빨리 하는 조직이 아니라 불일치와 내부 경쟁이 있어도 다양하고 별난 개인들의 생각이 존중되는 조직이다. 개인의 개성이 존중되고 자율이 보장되는 조직의 생산성이 그렇지 못한 조직보다 4배나 높다는 연구 보고가 있다. 이 연구결과를 보더라도 경제 자원 중 가장 가치있는 것이 창의성이라는 말은 불변의 진리다. 왜냐하면 어떤 사회나 인정받는 열정적인 괴짜가 새로운 가치를 창조하기 때문이다.

용서와 관용을 실천하라

넷째, 열린 경영이란 아량을 베푸는 경영을 말한다. 상대방을 신뢰하지 않고, 믿지 않으면 관용과 용서의 마음을 갖지 못한다. 역으로 관용의 정신이 있어야 상대방에 대해서 긍정적인 태도를 갖게 된다. 자신에게는 엄격하고 타인에게는 아량을 베푸는 것이 열린 마음이요, 열린 경영이다. 자신에게는 능력의 100%를 요구하고, 상대방에게는 그 사람이 지닌 능력의 70%를 요구할 때 상대방을 이해하기도 하고 그의 잘못을 용서할 수 있다. 그러나 현실은 정 반대다. 많은 사람들이 자신에게는 너그럽고, 상대방에게는 엄격한 잣대를 들이대는 잘못을 저지른다.

아무리 회사가 이윤을 추구하는 집단이지만, 결국 사업은 사람이 하는 것이다. 실상 사업을 하다 보면 여러 변수가 많다. 또 우리는 모두 실수와 잘못을 할 수 있는 인간이다. 실수와 잘못을 관용으로 포용하고 다시 기회를 주는 문화가 정착된 회사는 '인간의 얼굴을 가진 참으로 인간적인 회사'임에 틀림없다.

회사를 경영하다 보면 모든 일이 경영자 마음대로, 바라는 대로 되는 것이 아니다. 한 조직의 리더도 마찬가지이다. 그럴수록 더 넓은 아량의 마음을 지녀야 한다. 관용과 포용의 문화가 있는 회사 사람들은 실수를 두려워하지 않고 도전할 수 있다. 이런 자신감과 용기는 역동적인 조직을 만들어 내어 자칫 이익 추구에만 몰두해 삭막할 수 있는 조직 문화에 활기를 띠게 한다. 관용의 문화는 열린 경영의 표시인 동시에 일의 지속성과 효율성, 그리고 회사에 대한 충성도를 높이는 길이다.

인도인의 특이한 것 중 하나는 자기 잘못을 잘 인정하지 않는 모습이다. 그래서 변명을 많이 늘어놓곤 한다. 변명을 하다 보면 거짓말을 하게 되고, 한 번 거짓말을 하게 되면 계속 거짓말을 해야 하는 상황이 발생한다. 그래서 인도인은 믿을 수 없다는 말을 쉽게 듣는다. 그러나 이것은 관용의 부재에서 오는 악순환이다. 관용의 문화만이 이 악순환을 끊을 수 있다. 문화를 바꿔야 한다.

우리 회사에서는 어떤 문제가 발생했을 때 직원들 스스로 아주 용기 있게, 그리고 아주 편하게 자기 자신의 잘못을 인정하는 경우가 많았다. 그것은 우리 회사 문화 속에 서로 용납하는 문화가 있음을 알기 때문이다. 인도 직원들은 이런 관용과 포용의 문화는 우리 회사에서만 볼 수 있는 특이한 현상이라고 말하곤 했다.

덕장(德長)이 필요하다

인도 진출 첫 해인 1997년 10월의 일이다. 당시 18개 지사장이 모이는 회의를 가졌다. 그런데 몇몇 지사장이 판매 실적은 좋았으나 판매 대금 회수가 좋지 않아 칭찬 대신 꾸중을 한 적이 있다. 판매는 그 자체가 끝이 아니라 대금 회수가 제대로 되었을 때야 비로소 판매가 됐다는 나의 철학 때문이었다.

회의가 끝나고 지사장들과 저녁을 먹었다. 모두 참석은 했는데, 회의의 여파 때문에 슬금슬금 한두 명씩 자리에서 일어나 슬그머니 사라지는 것이었다. 일종의 반항이고 반란이었다. 그날 나는 그런 지사장들의 태도에 대해 영업총괄 부사장에게만 강하게 불만을 토로하고 귀가했다. 그날 밤 지사장 한 명 한 명에게서 사과하는 전화가 왔다. 그 다음날 그 문제에 대해 한마디도 재론하지 않았다. 다 용서하고 받아들였기 때문이다.

그리고 나는 10년 동안 이 사건을 잊고 있었다. 그런데 인도 관리자들은 지난 10년 동안 한 번도 그 사건을 다시 거론하지 않는 것을 보고 놀랐다고 고백했다. 이 일뿐 아니라 그들은 10년 동안 여러 가지 불미스러운 일이 많이 있었음에도 불구하고 그 때마다 용서하고 나면 다시는 거론하지 않고 전과 같이 신뢰하는 포용의 태도에 매우 놀라고 감명받았다고 했다. 그렇다! 사람은 누구나 잘못을 할 수 있고 나도 잘못을 할 수 있다. 진정한 리더는 '덕이 있는 장수'로서 포용하는 용기가 있어야 한다.

용서의 문화가 정착되려면 리더 또한 잘못했을 경우 부하 직원들에게 자신의 잘못을 인정하는 문화가 필요하다. 나도 회의 할 때는 미처 몰랐는데 며칠 후 나의 생각이 옳지 않았다는 판단이 들 때가 있었다. 그러면 관계자를 불러 용기 있게 의견을 다시 묻고 그 의견에 동의해 내 의견을 철회하는 경우도 많이 있었다.

똑똑한 사람은 자기가 무엇을 잘못했는지 알고, 그것을 알면 잘못을 고칠 수 있다. 하지만 멍청한 사람은 자기 잘못이 뭔지조차도 모른다. 이런 법칙을 알면 어떻게 하면 똑똑한 사람이 되는지를 알 것이고, 또 그렇게 되기를 바랄 것이다. 즉 자기 잘못을 둘러대기보다는 빨리 인정해서 똑똑한 사람으로 인정받기를 원할 것이다. 이런 문화가 자연스럽게 번져가기 위해서 용서와 관용의 정신이 뿌리 내려야 한다.

용서와 관용이 없는 조직은 활기가 없고 도전적이 될 수 없는 것이다. 덕이 있는 장수 밑에서 용기 있는 병사가 나온다는 것을 10년 인도 기업 활동에서 수없이 보아 왔다.

변화를 적극적으로 받아들이는 유연성을 발휘하라

다섯째, 열린 경영이란 다른 측면에서 보면 고정관념을 버리고 변화에 적극적으로 순응하는 유연한 태도를 말한다.

요즘에 '최고 경영자 CEO(Chief Executive Officer)'는 '회사 최고 파괴자 CDO(Chief Destruction Officer)'라는 말이 있다. 이 말의 뜻은

최고 경영자들이 창조적이고 유연한 사고로 회사를 이끌어가기 위해서는 반드시 고정관념과 관행을 파괴해야 한다는 의미다. 옛것을 파괴하는 것이야말로 새로운 창조를 위한 시작이고 열린 경영자의 임무이다.

중소기업의 생산성이 대기업의 생산성보다 훨씬 높을 수 있다. 왜냐하면 조직이 작을수록 변화에 빠르고 유연하게 잘 대응할 수 있기 때문이다. '작은 것이 아름답다'라는 말은 회사 경영에서도 적용되어야 할 가치다.

나는 회사는 크되 조직 운영은 작게 하도록 노력한다. 역량이 허락하는 한 작은 조직으로 분화해 나가야 한다고 믿는다. 작은 조직일수록 기존의 생각을 고집하지 않고 유연하게 변화할 수 있기 때문이다. 이것은 현실의 세태와는 전혀 반대의 경영 철학이다. 그래서 다른 회사는 큰 거래선, 큰 대리점을 선호할 때 나는 작은 거래선, 작은 대리점을 선정하여 개발 육성했다. 그 결과 훨씬 튼튼한 판매망을 갖게 되었다. 그리고 이 건강한 판매망이 일등의 비결이 된 것이다. 이런 오랜 노하우와 결과를 경쟁 업체는 쉽게 따라 할 수 없었다.

경영의 판단은 흑백 구분처럼 분명하게 결정되는 것이 아니어서 때로 유연함을 요구할 때가 많다. 이 유연한 사고만이 살아 있는 시장의 유동적인 변화에 제대로 대응할 수 있다. 키 작은 잡초가 큰 코코넛 나무보다 가뭄에 더 강하다. 부드러운 것이 강한 것이다.

협업과 협동의 미덕을 활용하라

여섯째, 열린 경영은 서로 다른 기업 간에 협업과 협동으로 나타난다. 세계적으로 유명한 온라인 백과사전 위키피디아(Wikipedia)의 창업자는 "21세기는 개방과 협업을 잘 하는 회사가 경쟁에서 살아남을 수 있다"고 말했다. 사람도 자신의 장점과 다른 사람의 장점을 잘 조합시킬 수 있는 사람이 강한 사람이다. 기업도 자신의 장점과 다른 기업의 장점을 조화롭게 하는 기업이 강한 기업이다. 개인과 개인, 조직과 조직, 그리고 회사와 회사 사이에서의 협업과 협동을 잘 하는 것이 경쟁력을 키우는 길이다.

우리 회사는 텔레비전 부문 시장에서 판매 일등을 할 때에도 중요한 공정이라 할 수 있는 기판에 부품을 자동으로 삽입하는 기계는 단 한 대도 소유하고 있지 않았다. 많은 전자 회사가 수 십 대를 두고 있지만 우리는 모두 외부 공장에 의뢰했다. 그 공정만 전문으로 하는 작은 회사가 큰 회사인 우리보다 훨씬 수월하게 관리를 잘했기 때문이다. 실제로 우리가 직접 관리하는 것보다 생산성도 높았다. 이런 유형의 협업 방식이 가능했던 이유 또한 다른 회사들에 대한 개방적인 열린 경영 철학에서 비롯된 것이다.

21세기 세계 속에서 경쟁하는 기업이 모든 것을 기업 자신이 직접 해야 제일 잘할 수 있다는 생각은 겨우 일차방정식을 잘 푸는 사람의 생각이다. 자신보다 남이 더 잘할 수 있다는 생각을 갖고 남을 잘 활용할 줄 아는 사람이 훌륭한 관리자와 리더가 될 수 있다.

능력보다 영혼과 가슴이 더 중요하다

인사 책임자를 잘 뽑아야 조직이 튼튼하다

새로운 사업을 시작할 때는 하나부터 열까지 모두 새롭게 배워가야 한다. 특히 외국에서 사업을 할 경우 현장에서 하나부터 열까지 자세하게 배우는 과정이 필요하다. 배움을 위한 가장 좋은 방법은 그 사업에 경험이 많은 현지 전문인을 잘 뽑아 그가 가진 경험을 활용하는 것이다. 물론 현지 업체와의 합작도 하나의 방법이 될 수 있다. 그러나 다른 회사와 함께하는 합작 법인의 경우 위험부담이 매우 크다.

'인사(人事)가 만사(萬事)다'라는 말은 기업과 조직에서 모두 통하는 이야기다. 어떤 기업이나 조직이 성공하기 위해서는 어떤 사람을 뽑느냐가 매우 중요한 관건이다. 사람을 잘 뽑기 위한 첫 단추는 바로 인사를 총괄하는 인사 책임자를 잘 뽑는 것에서부터 시작한다. 이때 선발 기준이 중요하다.

인사 책임자를 뽑을 때 나의 가장 중요한 선발 기준은 머리가 똑똑한 사람보다 가슴이 따뜻하고 열정 있는 사람을 뽑는다는 것이다. 미국의 경영 잡지인 포춘(Fortune)은 2006년 한 기사에서, G.E. 그룹의 잭 웰치 회장을 비판하면서 최고 인재보다 열정적인 사람을 더 중요시해야 한다고 말했다. 실제로 회사를 경영하다 보면 능력보다 영혼과 가슴이 더 중요하다는 사실을 절감하게 된다. 그래서 나는 겸손하면서 자기 의견이 분명하고 참을성 있고 충성심 있는 사람, 그리고 한국 문화를 잘 이해할 수 있는 사람을 뽑으려 했다. 바로 이 인사 책임자 한 사람이 우리를 대신해서 관리, 영업, 제조, 금융 모든 부문의 사람들을 심사하고 추천하고 결정할 사람이기 때문이다.

결과적으로 나는 중요한 인사 총괄 책임자를 성공적으로 잘 뽑았다. 그는 10년이 지난 지금까지 회사의 인사 담당 중역으로 근무하고 있다. 그리고 인사 총괄 책임자가 뽑은 중간 관리자부터 임원까지 120여 명을 선발할 때 나는 한 번도 관여한 적이 없다. 새로 선발한 직원을 데리고 인사하러 오면, "반갑습니다. 우리 회사에 입사한 걸 환영합니다"라고 말하는 것이 전부였다.

누구를 특별히 지명해서 스카우트한 것이 아니고 평범한 인력 채용회사를 이용해서 뽑았다는 사실도 중요하다. 돌이켜 보면 좋은 사람을 뽑은 것이 아니고 좋은 사람으로 만들었다는 것이 정확한 표현이다. 더 정확한 표현은 우리가 함께 성장한 것이다. 재차 말하지만 100점짜리 인재를 뽑은 것이 아니다. 어디서 100점짜리 인재를 잘 구해보자고 생각하는 것 자체가 잘못된 기대다. 70점이라고 생각하고 회사와 함께 성장하고 더불어 배우면서 발전한 것이다. 중요한 것은 겸손한 마음으로 열심히 배우겠다는 마음과 자질이다. 나 역시 낯선 인도 땅에서 70점짜리로 시작해 배우면서 성장했을 뿐이다.

나의 인사 철학은 누구든 열심히 해보겠다는 마음만 있으면 훈련시켜 훌륭한 조직원으로 키우겠다는 것이다. 똑똑하고 오만한 사람보다 소박하고 노력하는 사람을 뽑아야 오래가고 조직에 충성한다.

일류 대학, 좋은 가문에 집착하지 마라

나의 인사 원칙은 첫째, 일류 학교 출신을 고집하지 말아야 한다는 것이다. 일류 대학보다는 이류, 삼류 대학 출신을 잘 뽑아 힘든 교육을 통해 육성한 인재가 회사의 기둥이 되었다. 실제로 일류 대학보다 시골의 이류 대학에서 우수한 성적을 받았던 사람이 훨씬 열심히 노력하고 참을성도 있으며 오랫동안 회사에

공헌했다. 이것은 비단 인도 사회에 해당되는 말이 아니다. 한국에서 경영을 할 때도 반드시 유념해야 할 부분이다. 더욱이 대학 서열이 뚜렷한 우리나라에서는 출신 대학을 기준으로 삼는 것이 좋은 인재를 놓치는 결과를 가져올 수 있다.

회사를 경영하는 동안 한 번도 우수한 경력사원을 지정해서 스카우트 한 일이 없다. 학교를 지정한다든가 하는 전제 조건을 미리 정해서 뽑은 일도 없다. 가능한 추천 인원 중에서 적임자를 고르되 상대적으로 가장 나은 사람을 뽑았을 뿐이다. 나는 전체 인사 시스템을 믿었고 사람을 중요시하고 육성하는 우리 조직 문화를 믿었다.

둘째, 가문을 보지 않았다. 집안이 너무 좋은 사람도 오래 가지 못한다. 우리와는 달리 인도는 가문을 매우 중요하게 생각하는 문화가 있다. 아마 이것은 오랜 카스트 제도에서 유래되었을 것이다. 그래서 사람의 능력보다는 집안의 계급, 경제적 능력이 더 중요하게 인식되는 문화다. 그러나 실제로 가문 좋은 집안에서 자란 사람들은 참을성도 떨어지고 회사 생활에 전력투구하지 않는다. 반면 어려운 난관을 많이 경험하고 극복해 본 경험이 있는 사람이 회사의 어려움을 극복할 수 있다. 좋은 가문, 좋은 가정 형편 속에서 자란 사람들은 어려움을 극복하지 못하고 중도 하차하는 것을 많이 보았다.

인상(人相)과 말하는 태도도 중요하다

셋째, 사람을 뽑을 때는 구체적으로 얼굴의 인상을 중요시했다. 이것은 얼굴이 잘 생기고 못 생기고 하는 문제가 아니다. 얼굴에는 그 사람의 '얼'이 담겨 있다. 그래서 '얼'굴이다. 얼굴은 그 사람의 내면을 표현한다. 모든 사람은 자기 인상에 책임져야 한다는 말이 있듯이 인상은 그 사람의 생각을 나타내는 것이다. 그래서 인상을 보면 그 사람의 세계관, 가치관, 사람에 대한 마음을 읽을 수 있다.

물론 인상이 전부는 아니고 세월이 가면 인상도 바뀐다. 그러나 인상이 나쁜 사람은 가급적 피했다. 직원 한 명 한 명이 우리 회사를 대표한다고 생각하면 인상은 매우 중요한 요소다. 인도인이나 한국인이나 인상에서 느껴지는 것은 같다. 인상이 거만하게 느껴지면 실제로 그 사람은 거만하다. 오만하고 자기만 잘났다고 생각하는 사람을 피해야 한다. 이것을 검증하는 좋은 방법은 인사 부서와 사람을 필요로 하는 부서가 함께 논의를 하고 추천한 사람을 최고 책임자가 인터뷰하는 방식이다. 나는 5분 인터뷰로 끝냈다. 인상이라든가 말하는 태도를 보는 것으로 내 역할을 국한했다.

넷째, 말할 때의 태도도 중요한 선발 기준이다. 관리자는 말하는 태도가 중요하다. 말 자체를 잘하고 못하고의 문제가 아니라 어떻게 말로써 자기를 표현하고 남을 이끌어 나가는가가 중요하다. 그래서 목소리라든가 조리 있게 대답하는 것을 중요하게 보았다. 그러나 이미 추천되어 온 사람을 내가 거부한 경우는 거의 없다. 인사 부서에서 충분히 검토한 사람이라 믿었기 때문이다. 처음에 말은 어눌했지만 일하면서 자신감을 갖게 되고 나중에는 훌륭한 관리자가 되는 경우도 많이 보았다. 나 자신이 먼저 겸손해야 한다.

위에 언급한 사람을 등용하는 기준은 인도에서 10년 동안 경험하면서 내린 결론인데, 한국에서도 적용될 수 있을 것이다. 결론은 완벽한 사람은 없기에 겸손한 마음으로 사람을 뽑아야 좋은 사람을 고를 수 있다는 것이다. 함께 고생하면서 커 갈 수 있는 사람을 뽑아 그와 함께 회사를 만들어 나가는 것이다.

머리 좋고 인내력 강한 인도인들

이렇게 뽑은 인도인들과 땀과 눈물을 함께 흘리면서 나는 그들의 장점을 많이 발견했다. 잘 교육된 인적 자원이 풍부한 인도의 사무 직원은 아주 우수하다. 특히 영어도 잘하고 어학에 뛰어나다. 현장 근로자도 30% 정도는 영어가 수준급이고, 30% 정도는 보통이고, 30% 정도는 영어를 못한다. 그래서 현장 직원을 위한 영어 수업이 있고 열심히 하는 사람에게 매월 시상을 해서 격려했던 경험이 있다. 사무직의 영어 실력은 우리보다 월등하게 좋아서 많은 것을 배울수 있었다.

인도인은 한국인보다 참을성이 강하다. 그 이유는 우리보다 훨씬 큰 나라에서 어려운 기후 조건과 대가족제도 관계에서 자랐기 때문이라고 생각한다. 현장 근로자의 경우 요령을 피우지 않고 주어진 일을 규칙대로 잘한다. 이런 모습을 나쁘게 말하는 사람은 "인도인은 시키지 않으면 일을 안 한다"고 혹평한다. 또 지켜보지 않으면 일을 안 한다고 비판하는 사람도 있다. 그런 측면도 없지 않다. 그러나 그들이 회사 일을 자기 일처럼 할 수 있도록 여건을 만들어 줘야 한다. 종처럼 시키면서 주인처럼 일하기를 바라는 어리석음을 극복해야 한다.

인도에서도 교육열은 대단하다. 잡일을 하며 생계를 유지하는 아주 어려운 사람도 나름대로 자식에게 과외 공부를 시킨다. 그것은 인도 사회에서 태생적인 신분을 탈출할 수 있는 유일한 길이 교육이기 때문이다. 그래서 회사 사무직 중 경리 부서나 금융 부서에는 공인회계사가 상당히 많다. 그리고 변호사 자격증 소유자도 많아 사내 법률 지원실에 근무하는 직원은 전부 변호사다. 영업이나 마케팅 부서에는 과반수 이상이 마케팅 석사학위(MBA) 소유자다. 인도에서는 연간 2백만 명의 기술자가 배출된다. 사람을 잘 뽑고 잘 훈련시켜 회사 일을 자기 일처럼 주인의식(Ownership)을 갖고 일할 수 있는 회사문화를 만드는 것이 가장 중요하다.

Part 3

Empowerment
구성원을 주인으로 만들어라

건강한 조직은 조직원들 사이의 상호 협력과 창조적인 견제 관계를 통해 유지된다. 불필요한 견제가 아니라 서로의 창조적 능력을 위한 견제, 개인의 약점은 보완되고 그 능력은 충분히 발휘할 수 있는 견제를 말한다. 결국 좋은 관리시스템의 확보가 믿고 맡기는 권한 위임 경영의 필수 전제 요건이다.

COMMANDOS

Credo 11
더 많은 자유를 주어라

열린 마음, 열린 경영이 회사 내에서 하나의 시스템으로 열매를 맺기 위해서는 실제로 믿고 맡기는 경영, 즉 권한 위임을 통한 위임 경영을 실현해야 한다. 권한 위임이라는 말의 사전적 정의는 말 그대로 자신의 권한을 다른 사람에 위임해서 그 권한을 올바르게 발휘하게 하는 것을 말한다. 이런 권한 위임의 바탕에는 신뢰(Trust)가 깔려 있어야 한다. 권한 위임이 신뢰고, 신뢰가 곧 권한 위임이다.

기업을 경영하거나 회사를 다니는 사람치고 권한 위임이란 용어를 대해서 들어보지 못한 사람은 없을 것이다. 그러나 나는 이 용어가 실제로 조직이나 기업에 적용되는 사례를 거의 보지 못했다. 대부분의 리더들은 권한 이임이 직원들에게 어떻게 구체적으로 적용될 수 있는지 제대로 파악하지 못하고 있는 실정이다. 그래서 권한 위임은 경영을 위한 중요한 슬로건이 된 지 오래이지만 제대로 실천되고 있는지에 대한 의문을 가질 수밖에 없다.

권한 위임이 제대로 실천되고 있는지 아닌지를 알 수 있는 중요한 판단 기준이 하나 있다. 그것은 그 회사의 직원이 주인의식을 가지고 있는지 아닌지를 판단해 보면 알 수 있다. 왜냐하면 권한 위임의 두드러진 결과 중 하나는 직원들로 하여금 자기가 일하는 회사가 '내 회사'라는 강한 주인의식을 갖게 되는 것이기 때문이다. 이 주인의식은 경쟁에서 가장 중요한 창의력과 책임감을 불러일으켜 최고의 성과를 가져오게 하는 동력이 된다.

실제로 경영자들은 '믿고 맡기는 경영이 좋다'는 총론에 반대하지 않지만 그것을 실천하는 데는 두려움을 가지고 있다. 그리고 '어디까지, 얼마만큼 믿고 맡겨야 하는가?'에 대해 의견이 분분하다. 그들은 반복적으로 "직원들을 믿을 수 있는가?", "믿음이 먼저인가? 아니면 믿을만한 자질이 먼저인가?"라는 질문을 한다.

나는 믿음이 먼저라고 답한다. 믿고 맡길 때 비로소 사람들이 성장하고, 두 배 이상의 능력을 발휘한다. 권한 이임에 대해 내가 실제로 경험한 좋은 예가 있다.

2001년 냉장고 라인에서 20만 달러(약 2억 원)짜리 기계가 필요하게 됐다. 당시 담당 인도 직원이 기계 구매를 결정하고 직접 출장을 다녀온 후 "여러 가지 측면에서 한국보다 이탈리아에서 사 오는 것이 낫다"고 말했다.

그래서 나는 그럼 이탈리아에서 구입하라고 했다. 그런데 그는 내 말이 미심쩍었는지 "정말 그렇게 해도 되느냐?"고 재차 물었다. 나는 그의 의견을 믿고, "이탈리아에서 사 오라"고 다시 말했다. 기계 구입을 하러 그 담당자만 이탈리아를 다녀왔다. 결국 그는 밀라노를 서너 차례 오간 끝에 기계를 구입했다. 그러다 보니 그 직원 입장에서는 자기가 사온 물건이니 모든 것이 이제 자기 책임 아닌가! 물건이 들어온 뒤에 그 담당 직원은 밤잠을 안 자고 설치하는 데 매달렸다.

바로 이것이 권한 위임이다. 만약 내가 한국에서 사 오라고 했다면, 기계에 관한 담당자와 별도로 또 한국 사람이 필요했을 것이고, 결국 그 모든 것을 한국 사람이 책임져야 했을 것이다. 믿고 맡기는 위임 경영이 훨씬 지혜로운 것이다.

권한 위임에는 시스템이 중요하다

권한 위임 경영을 실천할 때 유의해야 할 것이 있다. 시스템 이 먼저 구축되어야 한다는 것이다. 상대방을 믿고 권한을 위임 한다고 해서 무조건 개인의 능력에 의지하는 것은 위험한 일이다. 한 사람에게 일의 사활을 걸어서는 조직이 제대로 운영될 수 없다. 진정한 권한 위임은 그것이 유지될 수 있는 조직이나 시스템이 갖춰진 후에 완성된다. 그래야 한 사람이 빠져나가도 치명적인 영향을 받지 않는 것이다.

건강한 조직은 조직원들 사이의 상호 협력과 창조적인 견제 관계를 통해 유지된다. 불필요한 견제가 아니라 서로의 창조적 능력을 위한 견제, 개인의 약점은 보완되고 그 능력은 충분히 발휘할 수 있는 견제를 말한다. 결국 좋은 관리 시스템의 확보가 믿고 맡기는 권한 위임 경영의 필수 전제 요건이다.

풀뿌리 경영 (Grassroots Management)으로서 권한 위임

권한 위임은 조직 내에서 윗사람과 아랫사람, 혹은 동료들 사이에 한정된 이야기가 아니다. 부서와 부서, 조직과 조직 간의 견제와 균형을 통해서도 이루어진다. 이것은 상호 발전적 합의를 도출하게 한다. 만약 윗사람이 어느 한 부서의 의견만 듣고 결정하면 관련 부서는 좋은 생각이나 다른 의견을 이야기할 기회를 잃어버리게 된다. 부서 간의 합의를 통해 결정하지 않으면 소외된 부서는 그 결정의 집행에 소극적일 수밖에 없는 것이다.

이 때 책임자는 협의 과정에 너무 적극적으로 관여해서는 안 된다. 한발 물러서서 관련 부서가 스스로 열의를 가지고 협의와 협상을 할 수 있도록 기회를 제공하는 것이 중요하다. 이것 또한 아래에서부터 합의와 결정이 이뤄지는 '풀뿌리 경영'의 모습이다. 되도록이면 많은 사람들이 결정에 참여하는 '풀뿌리 결정'은 많은 조직원의 '집단 지혜'를 발생시킨다. 아래로부터 결정되는 풀뿌리 경영 문화는 특정 개인의 생각만 발휘할 때 생기는 생각의 한계를 극복하고, 많은 사람들이 자신의 창의력을 발휘하면서 주인의식을 갖게 한다.

이런 풀뿌리 결정 과정이 인도의 관리자들에게 매우 인상적으로 비쳤던 모양이다. 인도에서 많은 영업 정책을 결정해야 했다. 초기에는 직원들이 자기 부서내에서만 협의하고 결정해서 나에게 결재판을 들고 오는 경우가 많았다. 그러나 나는 결재하기 전에 먼저 다른 관련 부서의 사람들과 상의했는지를 점검했다. 만약 그 과정을 거치지 않았다면 다른 부서와 협의를 하도록 했다. 조직들 사이에도 권한 위임의 문화는 번져가야 하기 때문이다. 이런 경영 철학은 논의에 참여한 모든 관련 부서들이 그 결정에 자기 의견이 반영됐다고 믿게함으로써 그 결정을 실행하는 데 힘을 모으게 하였다.

회사의 중요한 사항이 최고 경영자나 조직의 리더의 일방적인 의견에 따라 결정되지 않고 서로 토론을 통해 합의하고 결정하는 시스템이 형성된다면 그것이야말로 그 회사와 조직의 최대 강점이 될 것이다. 우리 회사는 이 시스템을 강하게 실천함으로서 일등 기업이 될 수 있었다.

화합의 매개가 된 피자미팅

내가 실천한 풀뿌리 경영의 가장 좋은 예는 일명 '피자미팅'이다. 피자미팅은 종업원들과 피자를 먹으면서 회사 경영에 대한 그들의 의견을 청취하는 시간을 말한다. 10년 동안 나는 거의 빠짐없이 매주 토요일 점심에 종업원들과 피자를 먹으며 대화를 나눴다. 토요일이 쉬는 주에는 금요일에 피자미팅을 가졌다. 20명 내외의 부서원과 관리자가 참석해서 하고 싶은 이야기나 건의사항을 자유롭게 이야기했다. 부서원들에게는 이 피자미팅이 보통 3~4개월에 한 번쯤 기회가 돌아온다. 이 시간을 통해 각 부서 직원들의 다양한 의견과 좋은 제안들을 들을 수 있었다.

한번은 우리 사내식당의 음식 맛과 질이 어떤지 물어 보았다. 대답은 예상 밖으로 좋지 않다는 의견이었다. 그 이유는 인도인들이 먹는 빵인 '난(Nan)'이 식어 맛이 없다는 것이었다. 넓적한 모양의 이 빵은 화덕에서 만들고, 뜨거울 때 먹어야 제 맛이다. 그런데 공장에서는 많은 사람에게 그것도 짧은 시간에 빵을 급식해야 해서 미리 만들어 보관했다. 그러다 보니 막상 급식할 때는 식어 버려 딱딱하고 맛이 없었다. 그 피자미팅에서 나온 직원의 불평을 해결하기 위해 즉시 빵 보관대를 개조하여 빵을 뜨

겁게 유지했다.

이처럼 피자미팅을 통해 세심하게 그들의 뜻을 들을 수 있었다. 그리고 비록 작은 부분이지만 회사나 업무에 관한 불만도 이야기하면 해결하도록 노력을 했다. 이 피자미팅을 통해서 직원이 회사 대표와 토론할 수 있다는 것 자체로 종업원에게 큰 자부심을 심어 주었다.

스스로 결정하게 하라

권한 위임의 구체적인 실천 방안을 정리해 보자.

첫째, 권한 위임은 자기 스스로 결정하게 하는 것이다. 사람은 누구나 스스로 결정한 일에 훨씬 책임감을 느끼고 또 그 일에 보람을 느낀다. 참 리더는 팀원과 상의하고 문제에 조언해 주는 역할을 한다. 일방적으로 결정하고 지시하고 따라오라고 강요하는 것은 믿고 맡기는 경영이 아니다.

예를 들어보자. 인도에서 기업을 경영하면서 나는 모든 회의는 인도 현지인 중심으로 이끌어 갔다. 인도인들이 발표 자료를 만드는 과정에서 한국인 책임자나 직원의 도움을 받더라도 꼭 그들이 발표하도록 했다. 그리고 발표 후 의견 수렴하되 의견 중에서 그들 스스로 선택, 결정하도록 했다. 그 과정을 거쳐 결정된 프로젝트는 인도인들에게 책임감을 느끼게 하고 주인의식을 갖게 했다.

어느 조직에서든 이런 권한 위임이 일어나야 한다. 많은 경영자나 리더들이 발표는 부하직원에게 시키고 자신들의 결정을 강요한다. 그리고 그 결정을 시행하도록 한다. 이런 경우 직원들은 점점 책임 의식도 약해지고, 비주체적인 사람이 되어 간다. 권한 위임의 경영은 그들 스스로 최종 결정하고 그 일을 주체적으로 실행해 나갈 수 있도록 실제 권한을 주는 것이다.

인내심이 필요하다

둘째, 권한 위임을 위해서는 기다릴 줄 아는 인내심이 있어야 한다. 어떤 일을 할 때 남을 시키는 것이 쉬운가 아니면 자기가 직접 하는 것이 쉬운가? 자기가 직접 하는 것이 쉽지 남을 움직이는 것은 훨씬 어렵다. 인도에서 보면 한국인은 남을 움직이는 데 익숙하지 않다는 것을 발견하게 된다. 한국인은 인내심이 부족하기 때문이다. 그러나 인도인은 어떤 다른 나라 사람들보다 '느림'의 미덕이 체화되어 있기 때문에 인도에서 생활하는 한국 사람들에게 '기다림'은 정말 절박하게 필요한 덕목이다.

한국 직원들이 단기적인 효율성과 생산성을 중시하다 보니, 기다리지 못하고 빨리 결정하거나 성급하게 지시하는 경우를 많이 보았다. 이런 과정 때문에 부하직원이 스스로 결정하고 실행할 수 있는 기회를 잃게 했다. 처음에는 일하는 것이 서툴고 더디더라도 이해하면서 기다려줘야 한다. 그러다 보면 점차 익숙해지면서 주인의식과 책임감, 창의력이 뛰어난 인재가 되는 것이다.

나의 성공은 내 개인의 능력이 아니라 인도 직원들의 노력으로 이루어졌다고 믿는다. 그러나 그들이 처음부터 우수한 인재는 아니었다. 보통의 인재를 뽑아 함께 성장해 나간 것이다. 다시 말하지만 어디에도 100점짜리 인재가 기다리고 있지 않는다. 심성 좋은 사람을 뽑아 기다려 주면서 '믿고 맡기는 경영', 권한 위임을 한 것이다. 그 과정을 통해 그들은 자신감을 갖게 되고, 자신의 일에 책임을 지고 목표를 달성하는 주인의식이 생기는 것이다. 물론 이 과정에는 긴 시간이 필요하고 또 수많은 시행착오도 겪게 된다. 그러나 그것을 두려워해서는 안 된다. 기다릴 줄 아는 자만이 열매의 단맛을 음미할 수 있다.

많은 최고 경영자들이 칼로 무를 베는 것처럼 시원하게 결정을 내리는 것이 과감한 리더십이라고 생각한다. 그러나 진정 용기 있고 지혜로운 행동은 관련 부서가 스스로 결정할 수 있도록 여유를 갖고 기다릴 줄 아는 것이다. 물론 중요한 사안을 결정해야 하는 데도 회의하고 시간만 많이 소비하면서 결론을 못 내리는 경우는 시한을 정해 놓고 절충을 요구해야 한다. 아무리 협의와 협상이 중요하더라도 시한을 정해 신속성이 훼손되지 않는

범위 내에서 많은 협의와 결정 집행이 이루어져야 한다.

교육받을 수 있는 기회를 주어라

셋째, 권한 위임은 직원들에게 배움과 체험의 기회를 주는 것이다. 흔히 리더들은 직원들이나 조직원들이 일을 잘하지 못하면 꾸짖고 불평하는 데 익숙해져 있다. 그러나 그 전에 그들이 많은 것을 보고 배울 수 있는 기회를 제공했는지 되돌아 봐야 한다. 권한 위임이라는 것은 단순히 자신이 가지고 있는 권한을 남에게 나눠주는 것을 의미하지 않는다. 진정한 권한 위임은 사람들 안에 있는 능력과 힘을 일깨우고 북돋아 주는 것이다. 이것을 위해 나는 직원들에게 배움과 체험을 위한 해외연수 기회를 주었다.

보통 인도에 있는 다른 회사의 경우 해외연수나 출장에 인색하다. 이것은 잘못된 판단이다. 그들은 종종 "외국에서 크게 배울 것이 무엇이 있겠는가?"라고 말한다. 또는 "인도 사람들은 가르쳐 놓으면 다른 회사로 가버릴 텐데" 하고 부정적으로 생각한다. 많은 인도 회사들이 그렇게 운영한다.

내 생각은 달랐다. 사람은 여행을 통해서 성장하듯 다른 시장, 다른 공장을 통해서도 크게 배운다. 나는 매년 100명이 넘는 직원을 외국의 공장이나 시장에 보내 스스로 배울 수 있는 기회를 주었다. 한국이나 중국, 인도네시아, 태국, 터키 등 인도보다 먼저 생긴 공장 시설을 돌아보게 했다. 이 남다른 교육 방법은 직원의 자질 향상에 좋은 영향을 미쳤다. 이런 결정 또한 '열린 마음'에서 우러나온 권한 이임의 실천이었다고 믿는다.

더 많은 자유를 주어라

넷째, 권한 위임은 경영의 결과를 중시하되 과정에 많은 자유를 주는 것이다. 권한을 준다는 것, 그것을 다른 말로 표현하면 직원들에게 더 많은 '자유'를 주는 것이다. 물론 회사는 무엇보다 사업의 결과가 중요하다. 더 중요한 것은 '그 결과를 어떻게 합리적으로 평가하느냐'이다.

결과를 평가하는 방법 중의 하나는 숫자를 통한 평가다. 매년 초에 목표를 수치화하고 매월 숫자로 평가하여, 내부 경쟁을 통해 성장하도록 해야 한다. 여기서 중요한 것은 숫자를 양적으로만 평가하는 것이 아니라 질적인 평가를 병행해야 한다는 것이다. 상품의 품질 또한 얼마든지 숫자로 목표를 세우고 평가할 수 있다.

그러나 만약 결과만 중시하고 그 과정에 무관심하면 장기적으로 볼 때 더 안 좋은 결과를 초래할 수 있다. 잊지 말아야 할 것은 결과 중심, 숫자 중심으로 경영할 때도 그 과정에 참여하는 사람들에게 자유를 줘야 한다는 것이다. 자신에게 주어진 자유가 많으면 많을수록 주인의식이 강해지고 창의성이 발휘되기 때문이다.

많은 회사들과 관리자들이 결과는 결과대로 심하게 평가하면서 과정 역시 개입하고 간섭하려 한다. 그러나 과정을 간섭하면 할수록 결과에 대한 책임이 모호해진다. 윗사람이 잔소리가 많으면 안 된다. 간섭과 잔소리가 많게 되면 나쁜 결과가 나왔을 때 부하직원은 "상관이 그렇게 하라고 했고, 그래서 그런 결과가 나왔다"라고 생각하기 쉽다. 자신이 질 책임에서 도망가지 못하게 하기 위해서라도 더 많은 자유를 주는 철저한 권한 위임 경영이 필요하다.

이 과정에서 나는 직원들이 '과정의 자유와 결과에 대한 책임'이라는 일의 양식을 '과정의 부자유와 결과에 대한 무책임'의 태도보다 훨씬 더 선호하는 것을 발견했다. 이것은 인도 사람들에게만 해당되는 말이 아니다. 모든 인간은 책임질 때 책임을 지더라도 무한한 자유를 갖기를 원한다.

Credo 12
직원은 부려먹을 종이 아니다

회사가 성공하기 위해서는 기술력도 중요하고 마케팅도 중요하다. 그러나 그것을 뒷받침하는 건강한 회사 문화가 없으면 그 모든 노력은 '모래 위에 세운 집'이다. 한 국가의 문화 사업이 국제 사회에서 경쟁력이 되듯, 회사가 어떤 문화를 만들어 가고 유지하느냐에 따라 그 문화는 큰 경쟁력이 될 수 있다. 즉 건강한 회사 문화가 그 회사의 토대이다. 그리고 건강한 회사 문화의 핵심은 직원들의 주인의식에 달려 있다.

직원의 마음을 움직이는 회사

세상에서 가장 힘든 일은 사람의 마음을 움직이는 것이다.

그런데 직원의 마음을 움직이는 것은 돈도 아니고 기술도 아니다. 그것은 직원들에게 어떻게 '주인의식'을 불어넣어 주느냐에 달려 있다. 미국의 경제 잡지인 포춘(Fortune)이 우리 회사의 성공 요인을 취재할 때 첫 번째 요인으로 직원들에게 일할 동기를 부여했다는 점을 간파했다. 공장장으로 일했던 한 인도 직원은 한 언론사와의 인터뷰에서 다음과 같이 말했다.

"나는 1998년 11월에 중간관리자로 입사를 했다. 그런데 3~4개월 동안 일해 보고 놀랐다. 직원들이 오로지 일만 생각하고, 회사만 생각하고 있었다. 회사 일에 그렇게 헌신적인 모습을 본 적도 그렇게 일한다고 들은 적도 없다. 전에 다니던 회사가 일본 업체 소니나 파나소닉과 제휴 관계가 있어 그 회사에도 가 봤는데, 일본 사람들도 그렇게 일하지는 않았다."

직원은 결코 회사의 종이 아니다. 직원이 있기에 회사가 존재하는 만큼 그들이 당당한 주인의식을 갖게 해야 한다. 그 길은 먼저 그들을 믿어주는 것과 배려하는 마음에서 비롯된다. 직원이 주인되지 못하는 회사, 직원을 종처럼 부리려는 회사는 절대 성공할 수 없다.

기업가는 회사와 주주의 이익을 위해 기업을 경영한다. 또 기업 경영을 통해 사회에 기여하기 위해서 기업을 한다. 다 맞는 말이다. 그러나 이 모든 것은 직원의 만족, 직원의 주인의식 없이는 불가능한 것이다. 진심으로 직원을 위하는 마음 없이 좋은 경영 성과는 없다.

　주인의식을 키우는 실천 중 하나는 직원들이 회사에서 신나고 즐겁게 일할 수 있도록 복지를 배려하는 것이다.

　인도에서 직원들을 살펴보니 출근할 때 아침을 안 먹고 오는 사람이 많았다. 그래서 직원들의 복지 차원에 아침에 빵과 음료수를 제공하기로 했다. 처음에 인도인 간부들은 빵과 음료수의 양을 제한해야 한다고 주장했다. 인도인들은 워낙 '공짜'를 좋아하는 습성이 있어서 자기가 먹을 것 이외에도 싸가지고 간다는 것이 그들 주장의 요지였다. 그러나 나는 반대했다. 그들이 마음껏 먹고 또 가지고 가려 한다면 막지 말라고 말했다.

　처음에는 관리자들의 말처럼 음식을 챙기는 사람들이 있었다. 그러나 얼마 지나지 않아 자기가 먹을 것만 먹는 문화가 정착되었다. 그도 그럴 것이 내일도, 모레도 똑같이 풍족하게 제공될 것을 누가 계속 챙길 마음이 생기겠는가? 우리 회사는 인도에서 유일하게 아침을 주는 회사로 소문이 났고 직원들도 만족했다.

　일반적으로 인도의 많은 공장들이 점심을 무료로 제공하지 않고 직원과 회사가 나누어 분담한다. 그러나 우리는 점심도 회사가 전액 부담했다. 간식으로 스낵을 제공할 때도 직원들의 입장을 최대한 배려하려고 노력했다. 각자 원하는 것을 마음껏 가져가도록 했다. 보통 간식 시간은 10분 정도의 짧은 휴식 시간에 주어졌는데,

기다리는 줄이 너무 길어 휴식 시간이 부족했다. 화장실에도 가야 하고 잠시 쉬는 시간도 필요한 상황에서는 그 어떤 거창한 혁신구호보다 간식 기다리는 시간을 줄이는 것이 더 중요한 배려였다. 그래서 논의를 통해 자동 급식 줄의 수를 더 늘렸다. 아주 간단한 조치로 문제가 해결되었다. 이처럼 어떻게 하면 직원의 복지혜택을 위해 조금이라도 개선할까 항상 연구하고 실행하도록 노력했다. 그러다 보니 많은 묘안들이 떠오르고 직원들의 근무환경은 조금씩 더 나아질 수 있었다.

직원을 위한, 직원에 의한, 직원의 기업

요즈음 구글(Google)이 직원과 방문객에게도 좋은 음식을 제공하는 회사로 유명한데, 직원의 업무 의욕을 높이는 아주 좋은 사례라고 생각한다. 좋은 음식은 결과적으로 좋은 노동과 좋은 업무의 질을 가져온다고 믿는다. 3000명에 가까운 직원들에게 아침과 점심, 그리고 간식을 제공한 것은 회사가 '직원을 위한 회사' 라는 철학을 심는 데 아주 중요한 역할을 한 좋은 사례다.

많은 회사들이 목표 실적을 위해서 직원들에게 열심히 일 하라고 하면서 정작 회사는 직원에게 아주 인색하게 대하는 것을 보았다. 회사의 주인인 직원에게 인색하게 대접하면서, 회사를 위해 모든 것을 바치라는 어처구니없는 말은 하지 않아야 한다.

나는 직원에게 최선의 복리후생을 제공하는 것이 우리 기업
의 목적이자 가장 좋은 실적 향상의 방법이라고 생각했다. 그 결
과 우리 회사는 직원들을 위해 최선의 복리후생을 생각하는 회
사가 되었고, 직원들에게서 회사를 위해 최선을 다하는 태도를
끌어낼 수 있었다. 시장에서의 일등 비결은 '직원을 위한 기업',
'직원에 의한 회사', 그리고 '직원의 기업'에 있었다.

현장 직원들의 가정을 방문하는 것 또한 그들로 하여금 회사
에 더 많은 애정을 갖게 하는 좋은 문화다. 한국 정서에서 볼 때 그
리 썩 좋아하지 않을 회사 문화인데 인도인들은 매우 좋아한다. 작
은 선물을 갖고 찾아가 애로사항을 듣고 함께 문제를 해결해 주려
고 노력하는 것이다. 서로 대화하는 것은 서로를 이해한다는 의미
다. 문제가 있더라도 그 문제를 가지고 이야기를 시작하면 50%는
이미 해결된 것이다. 서로의 입장을 이해하면 해결책이 나올 수밖
에 없다.

회사와 가정이 서로 이해한다는 뜻에서 직원의 가족이 공장
을 방문하는 프로그램도 만들었다. 출퇴근 버스가 쉬는 낮 시간
을 이용하여 그 버스로 가족을 데리고 와 공장 견학을 주선했다.
이것은 직원들뿐 아니라 가족 전체도 회사에 대해 좋은 이미지
를 갖게 했다.

즐거운 직장(Joyful Working)은 곧 나를 위한 직장이다

직장이 삶의 즐거운 영역이 되면 얼마나 좋겠는가? 그러나 그것이 실현되기는 결코 쉽지 않다. 한국 직장인들의 이직률이 그 어느 나라보다 높은 이유도 여기에 있다. 일과 직장에 대한 만족도가 그만큼 떨어지기 때문이다. 한마디로 회사를 다니는 것이 즐겁지 않은 것이다.

얼마 전 삼성경제연구소는 의미 있는 연구결과를 발표했다. '근로관의 국제 비교'라는 보고에 따르면 한국 사람들은 직장에서 일의 보람을 느끼지 못하고, 일을 단지 '생계 수단'으로 인식하고 있다는 것이다. 일의 흥미에 대한 점수는 65.8점으로 미국(81.7점), 프랑스(78.4점)에 크게 못 미쳤고 일본(71.1점)보다 낮았다. 기술 향상의 기회 역시 64.4점을 기록해 미국(81.5점), 프랑스(72.9점), 일본(72.3점)보다 낮았다. 연구 보고서는 "한국의 경우 일의 흥미와 기술 향상의 기회가 적을 뿐만 아니라 일의 만족도와 직장에 대한 충성심도 낮았다"고 밝히고 있다.

인도에서 회사를 경영하면서 내가 내건 중요한 슬로건 중의 하나는 '나의 가족(My Family), 나의 회사(My Company), 그리고 즐거운 직장(Joyful Work)'이었다. 경영자를 포함해서 직원들 모두 회사가 즐거운 직장이 되어야 한다. 그렇다면 어떻게 해야 즐거운 직장을 될 수 있을까?

누군가가 '나는 나를 희생해서 회사를 위한다'고 말한다면 그것은 위선이다. 그리고 설사 그것이 사실이라도 그런 마음으로 하는 회사 생활은 오래 가지 못한다. 왜냐하면 곧 지쳐 버리기 때문이다. 정직하게 말하면 회사는 '나를 위해서, 그리고 내 가족을 위해서' 다니는 것이다. 그래서 실제로 회사에서 열심히 일하는 것이 나를 위하고 내 가족을 위한다는 생각이 들 때 즐거운 직장이 된다.

회사의 입장에서 직원들에게 회사가 즐거운 곳이 되게 하려면 먼저 직원들을 도와야 한다. 우선 그들이 가지고 있는 개인의 능력이 최대한 발휘될 수 있도록 좋은 근무 환경을 만들어 줘야 한다. 그 다음 그들이 한 일을 인정하고 격려해 줄 때 즐겁게 일할 수 있다. 또한 회사 전체가 사회에서 인정받을 때 구성원들 또한 즐겁다.

직원의 입장에서 생각하라

회사에서는 연구 개발 인력 확보가 가장 중요한 과제인데, 기술자들은 입사 일 년 이내에 가장 많이 퇴사한다. 입사 초기에 겪는 어렵고 새로운 환경에 적응하지 못하는 것이다. 그래서 우리 회사는 입사 일 년 동안 기술자들이 새로운 환경에 적응할 수 있도록 많은 노력을 했다. 예를 들어 인사 담당 부사장이 매달 점심 미팅을 했고, 멀리 있는 사람의 경우에는 전자 메일로 그들의 불만 요구사항을 듣고 해결해 주도록 했다. 또한 비공식적인 사내 취미 모임을 활성화하도록 경제적으로 지원하고, 그 중 활발한 모임은 시상도 했다.

회사 생활은 하루의 전부를 차지한다고 할 정도로 많은 시간을 보내기 때문에 회사가 즐거운 곳이 되어야 한다. 한번은 직원들이 일이 힘들고 근무시간이 너무 길다며 크게 불만스러워 한다는 말을 들었다. 우리 회사의 경우 한국 파견 직원은 일찍 퇴근하고, 인도 직원들은 늦게까지 일을 했다. 다른 국가의 경우 한국 파견 사원이 늦게까지 남아 있고 현지인들은 일찍 퇴근하는 것과는 반대 현상이었다. 그 이유는 다른 법인과 달리 일과 책임의 주체가 인도인들이기 때문에 인도인들이 늦게까지 남아 있게 된 것이다.

이 불만을 해소하기 위해 근무시간 준수를 지시했다. 늦게까지 직원들이 남아 있는 부서는 부서장에게 경고했다. 늦게 남아 있는 것이 중요한 것이 아니고 일의 효율성이 중요하다는 것을 항상 강조하고, 정시 퇴근을 큰 미덕으로 생각하는 문화를 만들기 위해 노력했다.

회사가 직원을 위해 최선을 다한다는 것이 반드시 많은 돈을 주는 것만은 아니다. 직원 한 사람 한 사람을 존중하고 작은 것, 사소한 것이라도 도와주려는 태도를 보일 때 회사를 고맙게 생각하고 자기 회사에 긍지를 느끼는 것이다. 직원에게 고마워

하는 회사, 그 회사야말로 성공하는 회사될 것이다. 서로에게 '고맙다'라는 말을 많이 하는 회사가 되어야 한다.

직원들뿐 아니라 그 가족들을 위해 래프팅 프로그램을 개발하기도 했다. 갠지스(Ganges) 강에서 하루 동안 래프팅을 즐기고 일요일에 돌아오는 주말 휴양 프로그램이 그것이다. 매주 금요일 밤에 버스로 출발, 6시간 정도 이동 중에 차에서 자면서 가면 토요일 아침에 목적지에 도착한다. 그리고 하루 동안 강에서 래프팅을 하면서 몸과 마음의 스트레스와 긴장을 풀게 한다. 온 가족이 함께 갈 수 있는 프로그램이라 직원들 사이에서 인기가 아주 많았다. 비가 많이 오는 우기를 제외하고는 연중 운영되기 때문에 미리 예약만 하면 누구든 갈 수 있었다.

나중에는 이 프로그램을 발전시켜 트래킹 프로그램과 접목했다. 트래킹은 래프팅 장소와 비슷한 거리에 있는 콜벳 국립공원(Corbett National Park)에서 진행했다. 인도에서 이런 주말 특별 프로그램을 연중 운영하는 회사는 우리밖에 없었다. 취침은 주로 텐트를 이용했기 때문에 저렴한 경비에 훌륭한 주말 휴가가 되는 것이다. 한번은 한국대사관에 근무하는 인도 직원을 단체로 초청해서 래프팅을 주선한 일이 있었다. 한국 회사가 인도에서 얼마나 직원들을 위해 노력하는지 실감하게 하고 그들 또한 한국대사관에 근무하는 것에 자부심을 느끼도록 한 좋은 행사였다.

한편, 급여는 직장 생활의 보람을 느끼게 하는 매우 중요한 요소이다. 자기가 일한 것에 대가를 충분히 받을 때 일할 맛이 나기 때문이다. 나는 경영 초기, 아직 회사가 자리를 잡기 전에도 직원들에게 되도록 많은 급여를 주려고 노력했다.

인도의 급여 체제는 고정급여, 일반상여금, 특별상여금제도로 되어 있다. 일반상여금은 거의 반드시 주어야 하기 때문에 고정급여와 일반상여금이 월급이라고 할 수 있고 특별상여금제도가 성과급에 해당된다. 이 성과급은 안 주는 회사가 많고, 주더라도 적게 주는 것이 통례이다. 다른 나라도 마찬가지지만 인도 직원들도 차별받는 것을 싫어한다. 똑같이 대우해 주기를 바라는 것이 인도인의 전통적인 사고방식이다.

우리 회사는 연 1,600%의 성과급을 최고 수준으로 정해 놓고 성과에 따라 특별상여금을 차등 지급했다. 상위 5%는 1,600%, 중간 20%는 1,000%, 하위 5%는 0%, 즉 보너스가 없다. 이렇게 8단계로 나누어 성과에 따라 차별화된 성과급 제도를 실시했다. 이 제도로 우리 회사는 성과 위주의 회사(Performance Oriented Company)가 될 수 있었고, 숫자 위주의 경영(Number Oriented Management)으로 시장에서 가장 경쟁력 있는 회사가 됐다.

그 회사를 알려면 평가시스템과 보상제도를 보라는 말이 있다. 실제로 조직원은 평가시스템에 따라 사고하고 행동한다. 좋은 회사, 시장에서 가장 경쟁력이 있는 회사가 되기 원하면

가장 좋은, 그리고 가장 경쟁력 높은 평가와 보상제도를 갖추어
야 한다.

외국 출장을 장려하라

많은 회사가 되도록이면 직원들의 외국 출장을 줄이려고 한
다. 비용 절감을 위한다는 명목에서다. 나는 외국 출장은 비용이
아니라 최고의 투자라고 믿는다. 외국 시장을 방문하고 외국의
공장을 찾아가서 무언가를 배우는 것보다 더 크고 효율적인 교
육 훈련은 없다.

그래서 일년에 두 번 이상 인도 관리자들을 한국 본사의 영
업이나 공장에 방문하도록 하여 한국 본사와 큰 흐름을 같이 할
수 있도록 적극 장려했고 의무화하다시피 했다.

인도 직원들이 생각하기에 다른 회사와 가장 차별화되는 점
중 하나가 바로 이 외국 출장을 통해 자기를 계발할 수 있는 기회
를 갖는다는 것이었다. 매주 토요일 직원들과 함께 하는 피자미
팅에서 물어 보면, 1년차 사원을 제외하고는 거의 모든 직원들이
몇 번씩 외국 여행을 경험했다는 것을 발견할 수 있었다.

다른 해외법인의 경우 외국의 공장을 견학하려고 하면, 갔
다 와서 배울 것이 없다고 보고한다. 그러나 인도 직원의 경우 우
리 보다 작은 공장, 열악한 공장을 방문하고도 뭔가 더 잘 하고

있는 것을 발견하고 배웠다고 보고한다. 이것은 열린 조직과 닫힌 조직의 차이이다. 열린 마음을 가진 사람은 주위에서 배울 것이 많고, 닫힌 마음을 가진 사람은 나만 최고라고 생각한다.

중국 남경의 세탁기 공장을 견학했을 때 일이다. 그곳에서 나는 특이한 것을 발견했다. 포장이 끝난 제품을 다시 비닐로 뒤집어 씌우는 것이다. 이유는 운송 기간이 길고 도로 사정도 안 좋아서 시골을 가는 동안 포장 상자가 서로 부딪혀 상자의 표면이 다 상하기 때문이란다.

우리도 똑같은 고민이 있었다. 그래서 상자의 재질을 좋은 것으로 해야 하지 않느냐 등 많은 아이디어가 있었으나 비닐 포장을 할 생각은 하지 못했다. 남경 공장 방문을 통해 겉포장 재질을 바꾸는 것보다 훨씬 경제적이고 효과적인 방법을 배운 것이다. 나의 남경 방문은 그 하나만의 성과로도 훌륭한 여행이었다.

Credo 13
이기는 경영은 회사문화에서 시작된다

회사 설립 이래 조직 문화에 대한 만족도를 알기 위해 30%
의 종업원을 무작위로 추출해서 매년 직원들의 여론을 조사했다
(Annual Organization Culture Survey). 그것을 통해 직원의 목소리를 듣
고 불만이나 부족한 점을 개선하도록 한 것이 우리 인사 부서의
큰 업적이라고 생각한다.

이 조사 결과 직원들이 가장 중요하게 생각한 것은 첫째, 회
사가 자기를 계발할 수 있는 조직이라는 것이다. 그들은 우리 회
사가 배움의 환경을 갖추었다는 점을 높이 평가했다. 우리 회사
가 힘들고 어려운 점이 많지만 일반적인 회사와는 크게 다르기
때문에 많은 것을 배운다고 고백했다. 인도직원들은 우리와는
좀 다른 관점에서 직장을 본다. 그들은 '내가 이 직장에서 성장할

기회를 가질 수 있는가? 즉 '이 직장에서 승진할 수 있는가' 가 아니라, '새로운 것을 배워 자기 몸값을 올려 다른 직장으로 옮길 때 많은 보수와 높은 지위를 받을 수 있는가' 의 관점에서 현재 직장을 평가한다.

상호 신뢰와 투명 경영으로 경쟁력을 높여라

둘째, 직원들은 최고 책임자를 신뢰하는 문화를 중요하게 생각했다. 신뢰는 상호적이어야 한다. 나는 내가 직원들을 신뢰하는 것은 물론이거니와 직원들 역시 나를 신뢰하는 회사 문화를 만들었다. 이것은 열린 경영과 경영의 투명성에서 나온 결과다.

한가지 예를 들면, 대개 기업들은 직원들에게 원가나 경영 통계를 공개하기 꺼려한다. 한국에서도 마찬가지다. 나는 직원들의 신뢰를 위해 투명하게 하려고 노력했다. 투명 경영을 위해 매월 두 번째 토요일 오전 9시, 관리자급 이상 150명이 참석하는 기업회의를 열었다.

이 회의에서 모든 제품의 원가와 손익을 직원들에게 공개했다. 구성원들이 회사 진행 상황의 전체 모습을 이해할 수 있도록 투명하게 공개한 것이다. 직원들은 회사가 숨기는 것이 없다는 것을 잘 알고 있었다. 모든 회사의 운영이 인도 직원에 의해 토론되고 결정되며 집행되는 것이다. 이런 투명 경영은 보통 인도 회사에서는 있을 수 없는 것이다. 전문 경영인이 운영하는 것이 아니라 창업주나 그 가족이 경영하는 것이 대부분이라 모든 것을 공개하지 못한다. 회사 경영의 원가와 손익을 공개하는 것은 인도 직원들에게 신선한 차별화로 인식되었다.

공장 역시 외부인들에게 공개하는 것을 두려워하지 않았다. 숨길 것이 없었기 때문이다. 미사일을 만드는 회사도 아니고, 가전 회사의 기술은 대부분 이미 공개된 것이기 때문이다. 오히려 외부인들이 와서 공장을 견학한 뒤 이런 저런 의견을 말하면 '업무 개선'에 도움이 될 수 있다고 믿는다.

신뢰의 다른 측면은 최고 경영자의 경영 방식과 성과에 대한 신뢰다. 리더의 능력과 결과에 대한 신뢰, 남다른 경영 철학에 대한 동감이요, 그 성과에 함께 참여할 수 있다는 신뢰이다.

셋째, 우리 회사 직원들은 다른 경쟁사와는 달리 참여 의식이 높았다. 이것은 앞에서도 언급한, 모든 결정이 밑에서부터 올라오는 풀뿌리 경영의 결과다. 조직과 기업의 문화를 경쟁력 있게 만들려면 직원들의 회사 경영 참여도를 높여야 한다.

이미 언급한 대로 이것을 위해 다시 중요한 것은 바로 권한 위임이다. 풀뿌리 직원들 한 사람 한 사람이 주인이라는 의식을 갖도록 그들에게 권한을 주는 것이다. 회사 운영이 위에서 일방적으로 지시하는 대로 이뤄지는 것이 아니라 모든 것이 직원들 스스로 참여하여 결정하는 문화를 만들어 가야 한다. 나는 모든 결정의 99%를 현지 직원들이 하도록 했다.

검소한 문화를 지향해야 한다

회사의 검소한 문화(Frugality-No Frills Company)는 효율성의 문제와도 관련이 있다. 회사가 규모나 외양에 신경을 쓰면 그 회사는 망한다. 실속 있는 회사가 되어야 한다. 직원의 복리를 위해서는 과감하게 지원하되 쓸데없는 겉치레를 위한 경비는 철저하게 아껴야 직원의 신뢰를 얻을 수 있었다.

나는 회사를 경영하면서 큰 회의이나 컨퍼런스를 많이 열었지만 요란한 현수막이나 사치스러운 행사는 절대 사절했다. 또한 발표 자료도 짧을수록 좋고 참가자도 적을수록 좋다는 생각으로 모든 조직원이 아주 실질적인 생각을 나눌 수 있도록 했다. 컨퍼런스 때도 뛰어난 개인의 일방적인 발표보다는 몇 그룹이 서로 토론해서 결론을 발표하는 회의가 되도록 했다. 그래야 가능한 한 모든 참가자들이 회의 주제에 적극적으로 참여할 수 있기 때문이다. 40개나 되는 지사장 회의를 주재할 때도 하루에 마칠 수 있도록 효율적으로 운영했다. 규모보다는 생산적인 회의를 최고의 가치로 삼았다.

이런 소박한 생각과 검소한 회사 문화 속에서 '실수를 포용하는 경영 문화'가 생겨날 수 있다. 실수를 사랑과 애정으로 받아들이고 용납하는 문화를 통해 직원들은 자신들의 회사나 조직 문화에 자부심을 갖는다. 치열한 경쟁 속에서 마지막까지 승리할 수 있는 사람은 직원을 끊임없이 존중하는 사람이다. 이것을 가능하게 하는 것이 바로 회사의 검소한 문화이다.

기업의 사회적 책임을 다해야 한다

열린 마음으로 '열린 경영'을 지향하는 회사는 사회적 책임 (Corporate Social Responsibility)을 중요하게 생각한다. '열린 마음'은 회사 내에서뿐 아니라 사회에 대해 열려 있음을 의미하기 때문이다.

요즘은 기업의 사회적 책임에 대한 요구가 점점 강해지고 있다. 기업이 자신의 이익을 사회와 나눔으로서 기업은 기업대로 건강해지고 사회 또한 발전할 것이다. 기업의 사회적 책임은 부차적이고 주변적인 일이 아니라 적극적인 활동이 되어야 한다. 개인도 마찬가지이다. 좋은 것을 함께 나누고 베푸는 삶이 행복한 삶이다. 사회에 봉사할 줄 모르는 기업은 즐거운 직장, 행복한 조직이 될 수 없다.

우리 회사는 공장 주위에 있는 가난한 동네의 학교에 매년 학용품을 지원해 왔다. 또한 뉴델리 인근의 노이다(Noida)와 뭄바이 인근의 푸네(Pune) 공장 근처에 각각 작은 병원을 지어 직접 운영했다. 영어로는 병원(Hospital)이라고 하지 않고 약품 배급소(Dispensary)라고 하지만, 의사도 있고 간단한 수술도 할 수 있는 곳이다. 가난한 사람들을 위해 무료는 아니지만 아주 적은 금액만 받아 운영했다. 이 작은 병원은 동네 주민에게 많은 도움을 주어 우리 직원들이 보람을 느끼는 귀중한 사회 활동이 되었다.

인도 정부는 병원이나 학교 건물을 건축해서 기증하는 것만으로는 만족하지 않는다. 건물도 중요하지만 그 병원이나 학교를 운영하는 문제가 더 어렵기 때문에 경제적인 기부를 통해 실질적인 운영까지 해주기 바란다. 한번은 학교를 하나 지어 운영해 볼 생각으로 노이다(Noida) 공장이 있는 지방 정부와 학교 부지를 교섭한 일이 있었다. 우리의 바람은 인도 정부가 저렴한 가격으로 땅을 제공하면 학교를 세워 주려는 것이었다. 그러나 인도 정부가 절대 저렴한 가격으로 줄 수 없다고 버티는 바람에 이 계획을 포기해야 했다. 설령 부지를 싸게 산다 하더라도 교사 고용 등 일체의 학교 운영을 책임져야 하기 때문에 쉬운 일이 아니었다.

이 밖에도 40개 지사가 산재해 있는 각 시골에는 매년 일정한 예산으로 지역 봉사활동을 하도록 적극 독려했다. 지역사회의 좋은 호응은 회사 경영과 공장 운영에 절대적인 영향을 미친다. 지역사회에서 존경받는 회사가 되면 종업원들 역시 자신의 회사에 자부심을 느끼게 된다.

젊은이들을 키워야 한다

인도에서 회사를 경영한 10년 동안 100여 명의 한국 학생들을 인턴사원으로 채용했다. 인턴사원 지원 사업은 인턴사원이 왕복 여비를 부담하면 회사가 숙박과 식사 모두를 제공했고 대신 급여는 없었다. 본인의 전공이나 희망에 따라 부서별로 프로젝트를 만들어 실시했다. 학생들은 그 프로젝트를 수행해 나가면서 인도인들의 도움을 받아 매주 자신이 한 일의 내용과 평가를 정리해 영어로 발표했다.

방학을 이용한 이 한 달 정도의 기간에 학생들은 많은 것을 배우고 돌아갔다. 알다시피 인도는 영어를 공용어 중의 하나로 사용하고 있다. 그래서 학생들은 회사에서 일하면서 인도인과 영어로 대화할 수 있는 기회를 갖게 되었고, 학교에서 배운 것이 어떻게 기업에서 활용되는지 체험해 보기도 했다.

서울의 한 공과대학에 다니는 학생은 학교에서 배운 것이 어떻게 기업에서 활용되는지 궁금했는데 좋은 해답을 갖고 돌아간다고 말하기도 했다. 이들은 단순히 공장에서 실습만 한 것이 아니라 외국인과 한 주제를 가지고 심도 있게 토론하고, 또 부족한 것은 배워서 채우는 기회를 가졌다. 전국의 다양한 학교에서 온 학생들이 서로 사귀고 우정을 쌓아가는 모습도 보기 좋았다. 어떤 학생은 이 체험을 계기로 졸업 후 델리대학교에 유학을 오기도 했다.

　학생 인턴 제도를 실시하면서 두 가지 큰 의미를 갖게 되었다. 첫째, 이런 활동과 경험들은 세계화 시대에 걸맞는 '글로벌 리더십(Global Leadership)'을 형성하는 데 더할 나위 없이 좋은 자산이라는 점이다. 젊은 학생들에게 이런 좋은 기회를 제공하는 것은 차세대 지도자를 위한 소중한 투자라는 사실을 재확인할 수 있다.

　둘째, 우리의 미래인 학생들에게 세계화의 현장을 보여 주고 배우고 교류하고 경험할 기회를 주는 것은 한국과 세계에 기여하는 매우 중요한 일임을 깨닫고 자부심을 느꼈다. 외국에서 인턴사원으로 일할 수 있도록 배려하고 지원하는 것은 회사의 사회적 책임을 수행하는 또 하나의 좋은 모델이라고 생각한다.

　결론적으로 말해 시장에서 경쟁력 있는 회사가 되려면 먼저 회사의 문화가 변해야 한다. 자기를 개발할 수 있는 문화, 서로 신뢰하는 생명력 넘치는 문화, 자발적인 참여의식이 높은 문화, 사회를 배려할 줄 아는 책임 있는 문화가 형성될 때 시장에서도 성공하는 기업이 될 수 있다.

Credo 14
리더의 힘을 보여줘라

모든 리더는 조직을 이끌 지도력을 갖추어야 한다. 리더십 없는 리더는 조직원을 효율적으로 움직일 수 없고 생산성 높은 조직으로 만들지 못한다. 그래서 리더십의 중요성은 아무리 강조해도 지나치지 않다.

그러면 어떻게 해야 좋은 리더십을 가진 리더가 될 수 있을까? 리더십은 결코 책을 통해서 형성되지 않는다. 참다운 리더십은 현장 경험에서 많은 시행착오를 통해 실천되고 체득할 때 형성된다. 여기서 언급하는 '리더십'은 책을 통해 정리한 것이 아니라 지나온 나의 회사 경영의 체험에서 비롯된 것이다.

남을 존중하라 : 존중의 리더십

존중의 리더십은 직원 한 사람 한 사람의 인격과 문화, 그리고 철학을 이해하고 존중하는 태도에서 시작된다. 특히 세계화의 깃발을 들고 외국에서 사업을 하거나 기업을 경영하는 리더들에게 이 '존중의 리더십'은 더할 나위 없이 중요하다.

만약 이 리더들이 구성원들의 인격과 문화를 무시한다면, 그것은 자살 행위와 같다. 많은 한국 사람들이 개발도상국에서 함께 일하는 현지인들을 무시하는 것을 볼 수 있는데, 이것은 리더십 자체를 발휘할 수 없게 하는 잘못된 문화다. 우리가 현지인을 무시하면서 그 직원이 나를 존경하고 회사를 위해 충성하기를 원한다면 그것은 넌센스다.

인도에서 처음으로 사업을 시작했던 1997년, 한국에서 파견 온 직원들이 못사는 인도를 무시하는 마음을 갖지 않도록 부단히 노력했다. 그러기 위해서 가장 좋은 방법은 인도 종업원 중심으로 회사를 운영하는 것이었다. 한국 파견 직원들의 불만이 있었지만, 회사의 주인은 인도 직원이고 한국에서 온 파견 직원은 조언자라는 원칙을 지키려 애썼다.

모든 회의, 모든 발표 결정은 반드시 인도인이 주체적으로 인도하도록 했다. 한국 사람끼리 하는 회의는 원칙적으로 갖지 않았다. 이런 관행을 계속하다 보니 점차 회사가 현지인 중심으로 운영

되었다. 초기에 이런 문화 속에 한국 파견 직원들은 한국인이 설 자리가 없는 것이 아닌지 걱정했다. 훗날 초기에 있었던 한국 직원의 고백을 들어 보면 내가 회사를 팔아먹는 것으로 생각할 정도였다고 한다. 그러나 이런 우려는 일 년이 못 가 사라졌다. 점차 서로의 역할이 분담되면서 균형을 잡아갔다. 한국 파견 직원의 역할은 비전을 새롭게 하면서 더 큰 일을 찾아내고 해결하는 일이라는 것을 알게 된 것이다.

역할 분담이 분명해지기 시작하자 한국 직원은 중장기적인 전망을 세우는 데 집중했다. 그러다 보니 현장의 일에서 벗어나 다른 공장에서 배울 것이 없는지, 다른 나라에서 수입할 것은 없는지를 고민하면서 외국 출장이 잦아지게 되었다. 그래서 출장을 자주 가는 중국 공장에서는 "일은 안 하고 출장을 그렇게 자주 오면 인도 공장에서 일은 누가 하느냐?"라고 묻는 해프닝까지 벌어졌다.

현지인을 회사의 주인으로 만들고 그들의 인격과 문화를 존중하는 것, 이 문화야말로 한국 기업의 세계화에 있어서 최우선 고려해야 할 리더십이다.

심판하지 말라 : 조언자로서의 리더십

리더가 해야 할 가장 중요한 임무는 일의 방향을 제시하는 역할이다. 리더는 부하직원의 의견을 듣고 조언하며 동기를 부여하는 사람이다. 조직원들이 자신의 능력을 제대로 발휘할 수 있도록 돕는 코치로서의 역할을 해야 한다. 리더가 모든 일의 옳고 그름을 판단하고, 사람의 잘잘못을 따지는 심판관이 되서는 안 된다.

리더 스스로 무슨 일이든지 자기가 결정하지 않으면 큰일난다는 사고방식은 정말 위험하다. 중국 노자의 가르침 중에 '장이부재(長而不宰)'라는 말이 있다. 이 말은 윗사람이 다스리되 군림하지 않는다는 말이다. 이 말을 경영에 적용하면 '지배 없는 발전이다(Development Without Domination)'. 이 말처럼 참 리더는 참을성을 갖고 기다려 주고, 어려울 때 도와주면서도 절대 그들을 지배하려 하지 않는 사람이다. 이것이 바로 조언자로서의 리더십의 핵심이다. 나는 직원들이 스스로 결정하도록 돕는 역할에 최선을 다했다. 나는 조언자로서 리더 역할을 하였기 때문에, 인도 직원들의 능력이 우수하다는 생각을 많이 갖게 되었다.

그러면 중국인들은 어떨까? 지난 10년 동안 인도에서의 성공 사례가 왜 중국 시장에서는 일어나지 않는지에 대해 끊임없이 자문해 왔다. 이런 질문에 혹자는 중국인은 인도인에 비해 능력이 모자른다고 이야기했다. 그러나 나는 그 말에 절대 동의하지 않는다. 나는 중국인이 인도인보다 능력이 절대 부족하다고 생각하지 않는다. 똑같은 논리로, 어떤 외국인이 한국인과 일본인의 자질을 비교하면서 한국인은 절대 안 된다고 하면 동의할 수 있겠는가? 그런 일반화는 정말 우스꽝스러운 것이다. 오히려 나는 인도보다 인구가 훨씬 많은 중국에 더 좋은 인재가 많다고 생각한다.

혹자는 인도인은 영어를 잘하고 중국인은 영어를 못하기 때문이라고 말한다. 그 말에도 동의하고 싶지 않다. 짧은 기간이지만 중국어를 배워보니 중국어 발음이 영어와 매우 유사했다. 그리고 영어가 필요하다면 많은 인재 중에서 골라서 교육하면 되는 것이다. 만약 이런 노력을 지난 10년간 했다면 지금은 중국 공장도 영어를 사용하는 세계화된 공장이 됐을 것이다. 이런 긍정적이고 적극적인 생각은 어느 나라에나 적용될 수 있는 것이다. 문제는 리더에 있다. 리더가 현지인들의 자질과 능력을 최대한 발휘할 수 있도록 돕는 조력자로서의 역할을 제대로 수행했는가에 달려 있다.

한발 뒤로 물러서라 : 인내의 리더십

일에서 잠시 물러나서 다른 사람이 일하는 것을 보면 그 일의 내용이나 진행이 훨씬 잘 파악된다. 예를 들어 자신이 골프를 칠 때에는 자기 단점은 잘 안 보이지만 다른 사람이 골프를 칠 때 그들의 단점은 아주 쉽게 잘 보이는 것과 같은 이치다. 그래서 리더에게는 한발 뒤로 물러서서 관망하고 기다릴 줄 아는 지혜가 필요하다.

급하게 일을 추진하다 보면 한발 뒤로 물러서기 어려운 상황에 처할 때가 많이 있다. 그래서 자기가 직접 해버린다든가 기다리지 못하고 구체적인 지시를 해서 상대방 스스로 고민할 시간과 생각할 자유를 빼앗는다. 이것이 회사 경영 초기에 끊임없이 발생하는 현지인과 한국 파견 직원 간의 갈등이었다. 한국인은 조급한 성격 때문에 기다리는 마음이 부족했다. 그러다 '인내의 리더십'이 발휘되면서 점차 한발 물러서는 문화가 정착되어 갔다.

실제로 한발 뒤로 물러서서 좀 더 큰 지향점과 다른 각도에서 시간을 두고 관망하는 것이 구성원들의 창의성을 살리는 길이다. 한발 물러서서 바라보는 인내의 리더십이 그들로 하여금 주인의식을 갖고 책임 있는 결정을 할 수 있도록 도와주는 길이다.

내가 할 수 있었던 것은 나 자신이 한발 뒤로 물러서는 리더십을 보여 주는 것이었다. 물러섬의 리더십을 위해 '이것을 하면 안 되고, 이것은 해야 된다'라고 지시하면서 간섭하지 않으려고 노력했다. 그들 스스로 '뒤로 물러선다는 것'이 무엇을 의미하는지 각자 판단하게 했고, 그것에 기초해 합리적인 업무 분담을 실시하게 하였다.

인간적으로 근면, 성실하라 : 근면과 성실의 리더십

아무리 머리가 좋고 판단력이 뛰어난 리더라고 해도 인간적으로 근면하고 성실하지 못하면 조직원으로부터 존경을 받지 못한다는 사실을 너무도 잘 알고 있고 있다. 그런 리더는 또한 신뢰를 받을 수 없기 때문에 장기적으로 좋은 인간관계를 유지할 수 없다. 관리자나 리더가 말로 다른 사람들을 설득하는 데는 한계가 있다. 행동으로서 좋은 모범을 보여줌으로써 신뢰 관계를 만들어야 한다.

나는 회사를 경영하면서 근면하고 성실하려고 노력했다. 10년 동안 항상 집에서 6시에 출발하여 7시 공장 도착, 그리고 30분간 테니스를 치고 샤워한 후 8시부터 책상에 앉아 인터넷으로 세상을 보고, 9시부터 업무를 시작하는 습관을 지켜왔다. 인도에서 사장은 '모든 직원들 중 제일 늦게 출근하는 사람'이라는 게 일반적인 인식이지만, 나는 가장 먼저 출근했다. 아무도 없는 사무실에서 조용히 하루를 시작하는 기분은 정말 상쾌하다.

또 내가 주재하는 회의는 결코 취소하지 않았다. 회의란 예정되어 있으면 꼭 진행해야 한다. 나는 몸이 아프다고 해서 회사를 결근한 적이 없다. 한 번은 인도 중부 푸네(Pune) 공장에서 회의가 있어 가야 했는데 그 날 새벽 3시부터 극심한 통증이 엄습했다. 신장결석 때문이었다. 병원으로 옮겨 진통제를 맞고 응급처치를 받았다. 8시에 계획된 회의는 도저히 참석할 수 없어 나 없이 진행하라고 지시했다. 그리고 이 날 오후에 회사로 출근했다. 당시 푸네 공장장이 그 일을 회고하면서 인터뷰한 신문기사를 읽은 적이 있다.

“다른 인도 기업의 사장 같으면 회의는 취소다. 델리로 돌아 갔을 것이다. 하지만 김광로 사장은 낮 12시 30분에 공장에 나타 났다. 그게 그의 리더십의 모습이다. 한국인이 솔선수범하는 모 습을 인도인이 배웠다.”

생각도 성실해야 한다. 기업은 단시간에 일확천금을 벌려고 해서는 안 된다. ‘티끌 모아 태산’ 이라는 말처럼 하나하나는 아 주 적지만 많은 사람이 구매하고 전체 판매 수량이 몇 백만 개가 되면 그 금액은 엄청난 규모가 될 수 있다.

리더는 모범이 되어야 한다. ‘모범’은 인간됨에서 우러나오 는 성실과 근면한 모습에 비롯된다. 그리고 그 모습을 보면서 직 원들이 존경심을 갖게 되는 것이다.

여유를 가져라 : 여유의 리더십

많은 리더들이 여유있게 신문을 읽는 시간을 갖지 못할 정 도로 쉼 없이 바쁜 회사 생활을 한다. 그런 경우 실제로 리더에게 여유가 없기도 하지만 대부분의 경우 시간 관리에 문제가 있다. 처음에 한국에서 부임한 많은 파견 직원들이 이런 여유를 갖지 못했다. 그래서 실제 업무와 관련된 일을 하지 않으면 그저 노는 것으로 알고 불안하게 생각했다. 쉼을 누리지 못하는 모습이다.

건강한 리더에게는 하루 한두 시간 정도 자신만의 여유시간

(Idle Time)이 필요하고 또 홀로 있을 수 있는 빈 공간이 있어야 한다. 지혜는 고요히 생각하는 데서 나온다. 지혜를 위해서 리더에게는 비어 있는 시간, 여유 있는 방이 필요하다. 권한 위임의 철학은 여기서도 중요하게 작동된다. 이런 여유의 리더십을 위해서는 실질적으로 더 많은 일과 권한을 아래로 위임하여 자기가 관여하는 일의 범위를 줄여야 하기 때문이다. 자기가 모든 일과 판단을 움켜잡으려 해서는 안 된다.

최근 미국의 구글이 직원에게 업무 시간 중 20%를 회사의 일상 업무가 아닌 자유 시간으로 활용하도록 했다. 그런데 이 시간을 활용해 구글 직원들은 창의적인 아이디어를 만들어 내고 있다. 여유 시간은 낭비하는 시간이 아니라 보이지 않게 회사를 더욱 생명력 있게 만드는 시간이다.

회사를 경영하면서 나는 회의 일정은 오전에 끝내고 오후에는 가능하면 공식적인 일정을 갖지 않도록 노력했다. 오후 시간에는 자유롭게 신문 잡지를 읽거나, 아니면 공장을 순회하는 여유 시간으로 활용했다. 또 이 시간에 직원들이 자유롭게 나를 방문하여 상의할 수 있도록 내 방을 열어 두었다. 지금도 나는 여유 있게 신문을 보면서 참 좋은 생각들을 많이 떠올린다. 나는 분명 창의적 아이디어는 여유 속에서 탄생한다고 확신한다.

베풀라 : 관용의 리더십

리더는 부하 직원들의 잘못을 정확히 파악하되 그것의 전후 과정을 잘 살펴 아량을 베풀 줄 알아야 한다. 내 경우 종업원이 큰 잘못을 하거나 실수를 해서 책임자를 권고사직해야 할 경우에도 시간을 두고 심사숙고했다. 왜 빨리 결정하지 않느냐고 불평하는 관리자가 있을 정도로 신중에 신중을 기했다. 그 이유는 증거가 불충분한 경우도 많았지만, 그보다는 주변 사람의 말만 듣고 쉽게 판단하지 않으려고 했기 때문이다. 작은 실수는 자기가 잘못을 뉘우치면 전부 용서하고 다시 출발하도록 기회를 줬다. 그런 나의 본심과 태도를 알기에 회사를 떠난 직원들도 잊지 않고 내게 연락을 하면서 좋은 관계를 유지하고 있다.

멀리 내다 봐라 : 안목이 있는 리더십

리더는 말 그대로 조직이나 사람을 이끌어가는 사람이다. 그렇게 사람들을 이끌어가려면 세계의 미래를 내다볼 수 있는 눈이 있어야 한다. 그런 안목이 있어야 방향을 잡고 구체적인 사업 계획을 설계할 수 있다. 이렇게 리더가 안목을 갖추기 위해서는 신문, 잡지, 인터넷 뉴스 등 각종 매체를 통해 세계의 큰 흐름을 잘 파악하고 있어야 한다. 한국 일간지와 경제지는 물론 영어로 된 외국 신문이나 잡지를 반드시 구독해야 한다. 나는 장기적이고 현명한 리더십 형성을 위해 〈월 스트리트 저널〉을 즐겨 읽었고 매일 현지의 영자신문과 경제지를 읽었다.

외국에서 기업 활동을 하고 있는 많은 한국 직원들이 현지 신문을 읽지 않고 있다. 이것은 정말 잘못된 것이다. 한번 거꾸로 생각해 보자. 만약 어떤 외국인이 한국에서 기업 활동을 하면서 한국 신문을 보지 않는다면 한국 사정을 모를 수밖에 없고, 그러면 그는 한국에서 기업 활동을 정상적으로 할 수 없을 것이다.

외국에서 자신의 리더십을 발휘하려면 자기가 근무하는 나라의 신문을 열심히 읽어야 한다. 그 나라의 상황에 정통해야 새로운 통찰과 비전이 보일 것이다. 그리고 신문을 잘 읽는 것은 주재국뿐만 아니라 세계 전체의 흐름을 파악하는 데 가장 좋은 방법이다. 또한 한국에서 리더십을 올바르게 발휘하기 위해서도 세계적인 흐름 속에서 우리가 어디에 위치하고 있는지, 무엇을 준비해야 되는지 등 항상 연구하고 검토하고 있어야 한다. 그래야 현재 내가 부족한 것을 배우고 잘못된 것을 고치면서 미래를 준비할 수 있다.

외국 생활 중 하루 평균 2~3시간 정도는 신문, 잡지, 서적, 특히 인문, 철학 서적을 영어나 한국어로 숙독한 것이 경영에 큰 자산이 되었다. 우리는 먼저 세계 전체의 흐름을 알아야 한다. 오늘은 어제의 연속인 것이다. 어제를 알고 미래를 예측할 줄 알아야 한다. 큰 방향을 알고 있어야 한다. 우리는 그 큰 역사 속에서 살아왔고 앞으로도 계속 살아갈 것이며, 우리는 그 큰 흐름 속에서 기업을 하고 있다. 세계적인 차원에서 경제적인 동향, 정치적인 변화, 사상적, 종교적, 문화적 큰 흐름을 알도록 항상 꾸준한 노력을 해야 한다. 리더십은 결코 하루아침에 이뤄지지 않는다.

성숙한 영어를 구사하라 : 철학이 있는 리더십

글로벌 리더십을 형성하는 데 있어 외국어, 특히 영어 구사 능력은 매우 중요하다. 언어는 단순히 표현의 수단이 아니라 생각과 철학의 문제이기 때문이다.

오랫동안 여러 국가에서 기업을 경영해 보니 다국적 기업(Multi National Company)의 언어로써 영어의 중요성을 절감했다. 세계화된 기업 활동을 위해서는 회사가 있는 곳이 인도든 중국이든, 브라질이든 독일이든, 영어는 우리 기업과 조직의 언어가 되어야 한다. 이때 영어는 '영국이나 미국의 언어'를 의미하지 않는다. 세계인들과 소통할 수 있는 언어로써의 영어다. 영어는 더 이상 영미권의 언어가 아니다. 인도에서도 이미 영어는 공용어다.

많은 한국 기업이 중국에서 성공하지 못하는 이유가 바로 언어의 장벽으로 인한 의사소통의 문제다. 나는 중국에서도 영어가 기업의 언어가 되는 것이 바람직하다고 믿는다. 중남미에서도 영어가 상위 계층의 의사소통 수단이다.

좋든 싫든 세계화의 공통 언어는 영어다. 세계 어느 나라든 영어를 배우려는 강한 욕구를 볼 수 있다. 현지인이 외국 기업에서 근무하고 싶은 중요한 이유 중의 하나가 영어를 배워 보겠다는 열망 때문이다. 그들에게서 이런 기회를 박탈해서는 세계화에 성공할 수 없다. 그래서 당연한 말로 들릴지 모르지만 외국에 파견되는 한국인은 반드시 그 사람의 전공 언어와는 상관없이 영어를 가장 잘해야 한다. 그러나 현실은 그렇지 못한 경우가 많다. 중남미에서도 거래선의 관리자나 상위 계층의 사람들은 영어를 잘한다. 스페인어를 잘못하는 것보다 영어를 잘못하는 것이 더 무시당할 수 있다.

인도에서 회사를 경영하면서 놀란 것 중 하나는 교육받은 인도인들의 영어 단어 실력이다. 아마 우리가 알고 있는 단어보다 배가 많을 것이다. 영어 실력의 마지막은 역시 단어 실력이다. 누가 많은 단어를 알고 있느냐가 누가 더 고급영어를 하느냐를 좌우하기 때문이다.

우리나라 학교 영어 교육의 총체적인 잘못은 회화뿐만 아니라 독해력도 세계의 평균 수준 이하라는 생각을 갖게 하기 때문이다. 발음을 잘못 알아듣는 문제는 시간이 지나면 저절로 해결된다. 하지만 외국에서 생활하려면 독해력과 단어 실력을 연마해야 한다. 영어 신문을 열심히 읽고 매일 단어 공부를 해야 한다.

외국에서 근무하는 리더는 영어로 자기 생각을 정확히 정리해서 요점을 이야기할 줄 알아야 한다. 이를 위해 한국 파견 직원은 특별한 훈련이 필요하다. 언어는 곧 생각의 표현이기 때문에 '영어를 잘 못한다(Poor English)'는 것은 '생각이 잘못되었다(Poor Thinking)'는 것과 별반 다름이 없다. 그렇기 때문에 자신의 뜻을 제대로 구사하지 못하는 사람은 생각이 부족한 리더다(Poor English = Poor Leader).

리더가 누구인가? 많은 사람을 한 방향으로 이끌어가는 사람이다. 어떻게 길을 안내할 것인가? 말로 표현하고 이끄는 것이다. 말 속에는 말하는 사람의 철학이 담겨 있기 마련이다. 좋은 영어를 하기 위해서는 정리된 생각을 가져야 한다. 정리된 생각을 함축된 단어로 쉽게 전달할 줄 아는 것이 관리자 또는 리더의 기본이다. 내가 만약 인도에 오기 전 15년 동안 4개 국가에서 외국 생활을 경험을 하지 않고 바로 한국에서 인도로 와서 생활을 했다면 인도에서 성공은 불가능했을 수도 있다. 외국 생활 경험이 없는 상황에서는 깊이 있는 경영 철학이 생겨나기 만무했을 것이고, 그런 수준에서는 인도에서 벌어지는 다양한 문제들을 해결하기에는 역부족이었을 것이다.

생각은 경험에서 나온다. 이런 사상적, 철학적, 사회적 소양이 없는 영어는 상대방을 설득하지 못한다. 아울러 좋은 리더가 될 수 없다. 나는 '좋은 철학 = 좋은 생각 = 좋은 언어 = 좋은 리더'라고 굳게 믿는다.

Part 4

Innovation
끊임없이 변해야 산다
(窮則變, 變則通)

혁신이 성공하기 위해서는 혁신 운동의 내용이 독립성, 자주성을 지녀야 한다. 좋은 혁신은 받아들이되, 남이 하는 것을 그대로 흉내내서는 안 된다. 좋은 점을 소화해서 내 것으로 만들어 구성원들에 적용할 때 호소력과 현실감이 있는 것이다.

Credo 15
회의가 많고 긴 회사는 망한다

관리가 회사의 근본이다

미국의 유명한 컨설팅 회사에서 흥미로운 발표를 했다. 100대 기업을 조사해보니 관리 개선을 통한 이익 개선 효과가 6%나 되었다는 것이다. 절대적으로 동의한다. 관리라는 강한 기초가 있어야 그 위에 생산과 판매, 그리고 마케팅과 구매도 잘 이루어질 수 있는 것이다.

관리의 범위는 전산, 경리, 물류, 인사, 법률, 기획 등 광범위하게 확장할 수 있지만, 그중에서도 가장 중요한 것은 전산과 경리다.

관리가 잘 되기 위해서는 무엇을 해야 하는가? 첫째, 좋은 관리는 경영의 편리성과 용이성을 제공해야 한다. 관리의 최우선 역할과 기능은 회사 직원들로 하여금 자신들의 역할을 제대로 수행할 수 있도록 도와주는 것이다. 직원들을 불편하게 하거나 괴롭히는 관리는 좋은 관리, 그리고 성공하는 관리가 될 수 없다. 많은 경우 관리라는 명목으로 엄청난 자료를 요구하거나 통제하려고 한다. 그것은 마치 직원을 위해서 관리가 있는 것이 아니라, 관리를 위해 직원이 존재하는 듯한 인상을 준다. 그런 관리는 잘못된 것이다. 관리의 1차 목표는 회사 구성원들에게 편리성과 용이성을 제공하는 것이다.

둘째, 좋은 관리를 위해서는 규칙, 기강을 만들어 철저히 지키게 해야 한다. 관리는 기강이다. 기강이 없는 회사는 관리가 없고 관리가 안 되면 결국 회사는 망한다. 관리가 제대로 이뤄지기 위해서 직원들이 자발적으로 지킬 수 있는 규칙과 그것을 수행하는 기강이 필요하다. 시쳇말로 '군기(軍氣)'가 있어야 하는 것이다. 이 말은 회사 생활을 군대처럼 하라는 이야기가 아니고 업무를 자유롭게 창의적으로 하되 규칙을 지켜야 한다는 것이다.

규칙도 규칙 그 자체를 위한 것이 되어서는 안 된다. 그런 규칙은 직원들을 얽매는 '율법(律法)'이 될 것이다. 그러므로 최소한 아주 중요한 마지막 선을 기준으로 누구든지 숙지하고 매일 지켜야 하는 단순한 규칙을 만들어야 한다. 이 규칙을 통해 회사는 직원들의 품위는 물론 제품의 품질을 유지할 수 있고, 나아가 건전한 이익을 창출할 수 있는 것이다.

전산시스템을 확립하라

관리가 직원들에게 괴로움을 주지 않고 편리성을 제공하기 위해서는 전산시스템이 확립되어야 한다. 웬만한 한국 기업은 탄탄한 전산시스템을 가동하고 있지만 10여 년 전 인도에서 경영을 시작할 초기에만 해도 전산시스템은 거의 안 되어 있었다. 그래서 각 지사에서는 영업 활동보다 보고서를 만드는 데 더 많은 시간을 소비한다는 불만이 많았다. 이런 시스템의 부재는 회사에 큰 손실을 가져올 수 있다. 그래서 전산시스템을 제대로 구축하는 데 심혈을 기울였다. 얼마 후 전산시스템이 잘 정립된 후에는 보고서를 만드느라 현업을 괴롭히는 일은 거의 사라졌다.

혁신이 무엇인가? 혁신을 다른 말로 표현하면 모든 부서의 일을 단순화하는 것이다. 관리를 위한 관리가 되어서는 안 된다는 말이다. 너무 많은 자료가 요구되는 비효율적인 관리 문화가 사라져야 생산성이 오른다. 합리화와 단순화가 생산성을 높이고 시장에서의 경쟁력을 높인다.

전산시스템에서 중요한 요소는 자율적 기능 여부다. 훨씬 비싸고 유명한 전산시스템(ERP)을 갖고 있었던 경쟁사에 비해 우리의 전산시스템 효율이 결코 뒤지지 않을 수 있었던 것은, 전산시스템을 현실에 맞게 바꾸고 조정할 수 있는 자율적 기능을 갖추고 있었기 때문이다. 이것 또한 다른 회사와 다른 독특한 시스템이었다. 그 많은 해외법인 중 오로지 인도법인만이 이런 자율적 기능, 즉 소스 코드(Source Code)를 갖고 있어서 시장의 변화에 즉시 대응할 수 있었다.

신속한 자율적 대응을 통해 전산시스템을 현지 요구에 맞게 고칠 수 있었고, 이것은 편리성 제공에 크게 성공했다. 이런 자율적 기능을 요구할 수 있었고 또 성공시킬 수 있었던 것은 전적으로 직원들의 높은 독립심과 이를 밑받침하는 능력과 책임감이 있었기 때문이다. 주인의식이 있는 조직과 종(노예)의 의식을 갖고 일 하는 조직의 결과는 하늘과 땅의 차이가 있음을 다시 한 번 절감했다.

이런 전산시스템의 정착을 위해 1997년도 시작부터 모든 사무직원에게 컴퓨터를 제공했고 관리자 및 지사장들에게는 노트북컴퓨터를 제공해서 가장 전산화된 회사로서 긍지를 갖도록 했다. 그래서 한국의 공장보다 우리가 훨씬 많은 노트북컴퓨터를 갖고 있다는 이야기를 듣곤 했다.

건전한 경리시스템이 회사의 기초다

많은 사람은 판매가 중요하다고 한다. 그러나 판매가 급증한다 해도 그것이 최종적인 수익으로 이어진다는 것을 누가 보장할 수 있겠는가? 예를 들어 대금 회수가 안 되는 판매는 누가,

어떻게 시스템적으로 규제할 것인가?

이런 문제를 해결하려면 경리시스템에 관심을 가져야 한다. 튼튼한 경리시스템 없이 성공적인 기업 운영은 불가능하다. 그러기에 좋고 튼튼한 경리시스템은 그 회사의 토대다. 그렇다면 '튼튼한 경리시스템'이란 무엇을 말하는가?

첫째, 건전한 경리 원칙을 지키는 것이다. 이는 당연한 말이지만 실제 현장에서 잘 지켜지지 않는 부분이다. 예를 들면 물건은 공급되지 않았는데 송장이 발행되고 판매로 처리되는 것이 용납되면 실제 판매가 아닌 가공의 판매만 늘어난다. 나는 이것을 BBND(Bill But Not Delivered)라고 명명하고, 이를 금기시하고 실제로 금지시켰다. 특히 문제가 되는 경우가 월말 매출 부분이다. 많은 회사에서 매출 목표를 달성하기 위하여, 월말에 송장을 발행하여 장부에서만 매출을 만든 다음 물품 배송은 다음 달 내내 진행하는 편법 매출을 하고 있었다. 만약 이것을 용납하게 되면 빈곤의 악순환이 되어 다음 달 매출이 또 월말에 몰릴 수밖에 없는 것이다. 이런 악순환은 특히 채권 회수가 늦어지고 나빠지는 결과를 초래한다.

또 한 예로 지급 기일을 못 지키는 거래선에게는 제품 공급을 중단했다. 대수분의 거래선들은 제품을 팔아서 갚는다는 이유로 계속 제품 공급을 요구한다. 회사도 이것을 쉽게 생각하고 승낙하는 경향이 있다. 그렇게 하면 추가 매출도 생기고 대금도 천천히 회수할 수 있다고 생각한다. 그러나 이것은 일종의 독약이다. 추가 매출은 추가 채권을 발생시키고, 이 채권이 늘어날수록 거래선은 점점 강해진다. 오히려 아쉬운 쪽은 돈을 갚아야 할 거래선이 아니라 돈을 받아내야 하는 공급자다.

지급 기일을 못 지키는 경우 즉시 공급을 중단해야 한다. 그런 악순환을 단절하기 위해 이전의 돈을 못받는 한이 있더라도 더 이상 누적되는 일이 없어야 한다. 이것이 원칙이다.

이런 폐단을 없애기 위해 지급 기일을 못 지키는 경우 물품 공급을 중단할 뿐 아니라 나중에 대금이 회수되더라도 벌칙을 부과했다. 벌칙 중 하나는 그동안 받아왔던 신용 거래를 할 수 없고 현금 거래를 하게 한 것이다. 그리고 우리 판매원에게는 대금이 회수된 날부터 한 달간 그 거래선과 거래 중지의 불이익을 부과하게 했다. 이러한 조치를 취한 것은 무리한 판매가 판매원에게도 절대로 도움이 되지 않는다는 것을 인식시키기 위한 것이었다. 이런 건전한 판매, 건강한 경리시스템를 위한 많은 원칙들을 시행하면서 영업의 질을 최우선으로 하는 문화를 만들어 나갔다.

외형보다는 내실이 튼튼한 회사가 오래 간다는 사실은 누구나 잘 알고 있다. 튼튼한 회사란 건전한 회계 원칙을 잘 지키는 회사다. 규칙을 잘 지키는 회사야말로 기강이 있는 회사인 것이다.

둘째, 경리시스템이 튼튼하기 위해서는 강한 실행력이 수반되어야 한다. 아무리 좋은 원칙을 갖고 있다 해도 지키지 않으면 소용없다. 그렇다면 어떻게 지키게 할 것인가? 답은 간단하다. 원칙을 지키지 않으면 안 되는 시스템을 만드는 것이다.

전산시스템을 만들고 그것을 지키지 않을 수 없는 회사 문화도 만들어야 한다. 결과 중심의 경영을 너무 무리하게 강조하면 수단과 방법을 가리지 않고 편법을 사용하는 부작용이 생긴다. 그래서 그것과 병행하여 최선을 다한 사람을 포용하는 문화가 있어야 한다. 원칙을 지키고 최선을 다하면 비록 결과가 기대에 못 미쳤다 해도 또 다른 기회가 주어진다는 믿음의 풍토가 만들어져야 한다. 강한 실행력과 관용은 이율배반적인 개념 같지만 공존해야 할 가치다. 관용 없는 조직에는 강한 실천력과 도전 정신이 있을 수 없다.

셋째, 정기적인 회의를 통한 점검과 사전 경고 및 지원이 필수적이다. 발생된 모든 문제를 분석해 보니 대부분 거래선과 회사의 잘못이 반반 정도였다. 우리의 역량을 향상하고 잘못된 관행을 개선해야 할 필요성을 느꼈다. 이런 경우 회의를 통해 최고 책임자의 철학을 끊임없이 전파하는 것이 첩경이다.

회의는 정기적으로 같은 요일, 같은 시간, 같은 장소에서 열어야 한다. 회의 전 누가 발표하고, 누가 참석하는지 정해져 있어야 하고 회의 시간은 되도록 짧아야 한다. 그래야 모든 직원들이 쓸데없는 시간 낭비를 하지 않는다. 회의를 할 때에는 구성원에게 불필요한 간섭이나 시간 낭비를 하지 않겠다는 강한 의지가 있어야 한다.

　망하는 회사는 회의가 많고 길다. 많은 회사가 회의를 하느라 업무의 1/3에 해당하는 시간과 정력을 소비한다. 직원들은 발표를 준비하고 발표하는 데 많은 시간을 소비한다. 정작 회의가 시작되면 남의 발표를 들으며 기다리는 시간 때문에 기진맥진하게 된다. 나는 이런 단점을 보완하기 위해 발표자는 자기 발표 시간에만 들어와 발표하고 나가도록 했다. 그렇게 진행하니 많은 시간을 절약할 수 있었다. 자기가 참고하려고 남의 발표 시간에 남아 있는 것은 자유에 맡겼다. 그 판단은 그 사람이 하는 것이다.

Credo 16
긍정적인 감사가 회사를 살린다

감사팀(Management Audit and Support)은 기업의 체계적인 운영과 관리를 위해서 꼭 필요한 조직이다. 내가 만든 감사팀은 업무 감사와 제보, 중개업자나 소비자들의 불만, 투서 등에 대한 조정 역할도 하도록 했다. 감사는 '감사 자체를 위한 감사'로서 형식적인 감사, 비판적이고 부정적인 감사가 되어서는 안 된다. 건강한 회사 발전을 위한 긍정적 감사가 실시되어야 한다.

긍정적 감사란 무엇인가? 첫째, 피감사자의 이야기를 긍정적으로 듣는 것이다. 나는 감사팀에게 항상 공정하면서 피감사자의 이야기를 긍정적으로 경청하는 긍정적 감사를 주문했다. 나아가 그 조직이나 업무를 조정하고 지도하는 감사가 되도록 지도했다. 이렇게 피감사자를 배려하는 감사를 요구한 이유는 일반적인 감사활동에서 부정적인 감사를 경험했고 그 폐해를 알았기 때문이다. 그런 감사자들은 피감사자를 미리 죄인으로 취급하는 아주 나쁜 태도를 갖고 있었다. 이런 감사는 회사의 건강을 회복하게 하는 것이 아니라 오히려 조직과 회사의 기운을 빠지게 하고 망하게 하는 데 일조한다. 정말 나쁜 일을 한 사람은 극소수인데, 조사하는 과정에서 다른 사람들조차 회사를 등지게 하는 결과를 초래한다. 이런 부정적인 감사팀은 없느니만 못하다.

내 경우를 보면 문제가 발생한 부서나 조직의 경우에도 실수나 오해로 인한 것이 많았고, 이해관계의 대립에서 오는 험담도 많았다. 예를 들어 우리의 경영 활동과 영업 활동에 참여했던 거래선이 이해관계가 맞지 않으면 수단과 방법을 가리지 않고 담당 직원을 험담하거나 심지어는 한국 본사에까지 투서하는 것을 보았다. 그러나 막상 결과를 놓고 보면 정말 비난받을 나쁜 짓을 한 경우는 매우 적었다.

불만과 민원은 그때 그때 해결하라

내가 회사를 운영하면서 다른 해외법인들보다 상대적으로 불필요한 비난이나 투서가 적었던 이유는, 거래선이나 지사장들과의 정기적인 만남을 통해 그들의 불만을 해결해 주었고, 나아가 불필요한 오해를 없애려 노력했기 때문이다. 대리점뿐만 아니라 공급 업자에게도 불만을 이야기할 수 있도록 기회를 주었다. 그리고 직원과 매주 토요일 점심 미팅을 통해 대화한 것도 도움이 되었다. 편지로 접수되는 각종 정보나 불만에 대해서는 반드시 회신을 해주고 해결하려 노력했다.

둘째, 실수를 용서하는 관용의 자세가 중요하다. 열린 마음과 열린 경영에 있어서 관용의 정신을 강조했는데, 이 정신은 감사 활동에서 구체적으로 나타난다. 감사 결과 잘못이 드러났더라도 잘못을 인정하면 다시 기회를 주는 관용의 문화를 만들어 나갔다. 이런 관용의 감사 문화는 회사 전체의 진취적이고 긍정적인 문화 만들기에 크게 기여했다.

셋째, 감사가 야비해서는 안 된다. 어떻게 해서라도 잘못과 실수를 찾아내려는 야비한 감사는 회사를 죽이는 것이다. 회사의 주인인 직원을 긍정적으로 존경하고 웬만한 흠은 이해해주고 어떻게 하면 개선할 수 있을까 같이 고민하는 감사팀이 되어야 한다.

나는 감사팀보다 훨씬 먼저 법률지원팀을 만들었다. 우리 회사에는 변호사 자격증을 소유한 직원 3명이 근무했다. 1명은 채권 회수, 1명은 법률 서류 준비, 1명은 소송 담당인 것으로 기억한다. 이렇게 한 이유는 인도는 한국보다도 소송이 많기 때문이다. 인도는 영미권 국가처럼 법과대학을 졸업하면 대부분 변호사가 되기 때문에 변호사가 많고, 또 인도인들은 권리 의식이 강하기 때문에 자기주장을 소송에 의존하는 경우도 많다. 즉, 인도인들은 웬만하면 소송하기 때문에 처음부터 법률적인 검토를 잘해야 한다.

인도는 어떤 의미에서 한국보다 훨씬 복잡한 사회다. 우리는 단일 민족, 단일 언어 등이 굉장히 동질적인 사회인 데 반하여, 인도는 민족, 언어, 음식, 종교, 정치 등이 아주 복잡하게 분화되어 있는 사회다. 한국인이 인도인에게 불이익을 당했다는 것은 마치 복잡한 도시 사람에게 단순한 시골 사람이 당하는 것과 같은 것이다. 우리는 어수룩한 시골 사람이 되어서는 안 된다. 어느 나라나 마찬가지지만 소송에 의한 해결은 많은 시간을 필요로 한다. 인도뿐 아니라 외국에 진출하는 회사는 처음부터 법률적인 검토를 위해 전문가를 활용해야 한다. 중요한 계약서는 전부 변호사가 검토하도록 해야 하고, 회계자문회사를 통해 세법 등이 차질 없도록 해 두어야 나중에 고생하지 않는다. 소송 이외의 해결 방법도 항상 강구해 두어야 한다.

<h1 style="text-align:center">Credo 17
뭉치면 죽고 헤어지면 산다</h1>

헤어져야 산다

'뭉치면 살고, 헤어지면 죽는다'라는 말은 우리에게 익숙한 구호다. 뜻을 이루기 위해서 모두 한 마음으로 뭉쳐 노력해야 성공할 수 있다는 의미다. 그러나 나는 거꾸로 '헤어져야 산다'라고 말한다. 이것은 하나의 역설(Paradox)이다.

'헤어져야 산다'는 경영 철학의 핵심은 소위 집단주의의 거부에 있다. 단체로 결정하고 전체적으로 행동하면 개인은 중요한 결정에 참여자가 되지 못하고 하나의 부품처럼 취급당한다. 이런 집단주의의 폐단을 거부하는 것이다.

서로의 영역에서 각자가 헤어져 잘 살아 보려고 할 때 강한 책임감과 독립심, 그리고 창의력이 나온다고 믿는다. 다수의 뜻에 개인이 주체성 없이 묻어가는 모습이 아니라 자신의 능력과 책임 속에서 독립적으로 창의력을 펼쳐가야 한다는 것이다. 이러한 철학은 개발 분야의 현지화 전략에도 적용된다. 예를 들어보자.

헤어짐의 철학은 현지화의 출발이 된다

외국에 현지 법인을 두고 있는 본사는 현지 법인과 공장이 한국의 상황과 본사의 사정에 따라 움직여주기를 원한다. 그러나 실제로 현지 경영 활동에 있어서 중요한 판단의 근거는 본사의 상황이 아니라 현지 시장이다. 현지 시장이 우리의 윗사람, 즉 상전(上典)이 되어야 한다. 그래야 현지 법인은 현지 고객의 요구를 만족시킬 수 있도록 연구 개발을 해서 시장에서 일등을 할 수 있다. 여기서 시간과의 싸움이 매우 중요하다. 그것은 속도가 생명이고 경쟁력이기 때문이다. 아무리 좋은 제품도 시장에 늦게 나오면 시대에 뒤떨어진 제품으로 실패하고 만다.

뒤에 자세히 언급하겠지만 현지 법인이 성공하기 위해서는 '현지 시장의 요구', '설계의 현지화', '부품과 제품의 현지화' 등이 이뤄져야 한다. 이것 없이는 경쟁력도 없다. 부품을 현지화해야 하는데 현지에서의 설계 능력이 따라주지 않으면 현지화는 실패한다. 본사의 설계에 따라 본사가 제시하는 부품으로는 현지화에 한계가 있는 것이다.

이럴 경우 과감하게 본사의 설계와 헤어져야 한다. 그래서 나는 인도 환경에서 필요한 특수한 상황을 한국 개발팀에게 요구하기보다는 현지의 연구개발팀이 직접 설계할 수 있도록 인원을 보강하고, 능력을 키우는 연구 개발의 독립을 큰 목표로 삼았다.

현지에 맞는 최고의 품질을 개발하기 위해서는 많은 연구 인력이 필요하다. 인도에서 기업 활동을 하는 많은 외국 회사들은 자체의 연구 인력을 키우기보다는 본사의 인프라를 활용하는 쪽을 택한다. 언뜻 보기에 그것이 경비도 절감하고 또 세계적인 모델을 공용한다는 효율성도 있어 보인다. 그러나 그런 측면에서 해외법인의 독자적 연구 개발 인력 육성을 등한시하거나 부정적으로 생각하는 것은 아주 잘못된 방향이다. 인도의 소니 회사가 그 대표적인 사례다.

소니의 실패가 의미하는 것

소니는 몇 년 전 인도에서 텔레비전 공장을 철수했다. 그래서 그곳 연구개발팀에 근무했던 기술자를 채용하기 위해 면접을 보았다. 그러나 안타깝게도 기술 수준이 우리의 기대에 못 미쳤다. 이것은 무엇을 말하는가? 소니의 주요 연구 개발은 본사에서

다 알아서 하고 현지 연구팀은 현지 생산을 위한 최소한의 보조 기능밖에 하지 못했다는 것을 증명하는 것이다. 그래서 그 기술자는 소니에 입사해 오래 근무했지만 배운 것이 별로 없어서 기술면에서는 입사 시절과 크게 나아지지 않았다. 소극적인 연구 개발은 시장 경쟁력을 잃었고 더 나아가 공장 철수라는 상황에까지 이르렀다. 그런 소극적인 정책으로는 현지에서 목숨을 걸고 적극적으로 개발하는 공격적인 회사를 이길 수 없었다. 적극적이고 공격적인 사람, 그리고 그런 사람이 모인 회사가 시장에서 이긴다. 새로운 출발을 위해 습관적이고 관성적으로 '뭉치기'보다는 과감하게 '헤어져' 독자적이고 창의적으로 개발해야 한다.

Credo 18
세계화는 철저한 현지화의 열매다

세계화의 성공은 현지화에 있고, 철저한 현지화의 성공이 곧바로 세계화의 첩경으로 연결된다. '현지화'는 우리나라 기업들이 세계로 뻗어가면서 부르짖었던 구호다. 하지만 말뿐일 뿐 세계화를 제대로 실현한 회사는 많지 않았다. 그에 반해 세계적인 외국 기업들은 외국 법인들을 일찌감치 현지화시켰다. 예컨대 한국에 진출해 있는 IBM, GE 등 유수 기업의 법인장은 모두 한국인이다. 현지인을 통해 현지 기업을 경영하고 있는 것이다. 이를 교훈 삼아 인도에 발을 디딪는 순간부터 나는 현지화 경영 철학을 밀고 나갔다.

현지인을 통해 현지화하라

현지화의 첫 번째 영역은 바로 회사 구성원의 현지화였다. 현지인들을 중심으로 현지화 전략을 펼친 것은 인도인과 인도 시장의 상황을 가장 잘 아는 사람은 인도인이라는 단순한 논리의 실천이었다.

현지인 전략에 따라 나는 인도인에게 생산, 관리, 기획, 홍보, 판매 등을 맡겼다. 우리 회사의 경우 인도 직원은 3000명, 한국인 직원 수는 다 합쳐 봐야 23명이었다. 이것은 철저한 현지인 중심의 현지화 경영 철학의 소산이다. 현지인들을 믿고 우리는 보이지 않는 후원자로서 역할을 한 것이다. 주인이 너무 앞서 설쳐대면 직원들의 주인의식은 실종되기 마련이다. 주인은 큰 방향을 잡아주고, 약간 뒤로 물러나서 그들이 마음 놓고 책임 있게 일할 수 있도록 분위기를 조성해야 한다.

현지인들이 자신들의 능동성과 아이디어를 창출해 낼 수 있도록 능력만큼 보상받을 수 있는 성과급 제도를 도입했다. 그들에게 더 열심히 일할 수 있는 동기를 부여한 것이다. 우리 회사에서 고속 승진을 한 어느 인도 직원은 KBS와의 인터뷰에서 다음과 같이 말했다.

"우리 회사의 강점은 현지인들에게 강한 동기부여를 한다는 것입니다. 젊은이들은 자신의 능력을 인정받기 원하죠. 회사가 자신을 뒷받침해 주고 있다는 것을 느끼기 때문에 전 직원은 하나로 뭉치게 됩니다. 이런 확신은 회사의 말단 직원에까지 퍼져서 마치 한 국가를 위해 싸우는 혁명가처럼 되게 하는 것입니다. 뒤를 돌아보지 않아도 회사가 나를 지원해 주고 있다는 것을 느끼게 해 줍니다."

처음에 이런 현지인 중심의 현지화 정책은 한국 직원들에게 큰 불만이 되었다. 특히 인도 직원들에게 업무 활동 평가를 받아야 한다는 사실을 받아들일 수 없어 하는 눈치였다. 심지어 모멸감까지 느끼는 경향이 있었고, 인도인들이 이 정책을 잘 따라올 수 있을 것인가에 대해서도 의심을 가졌다. 그러나 시간이 지날수록 이런 현지화는 빠르게 정착되었고, 인도 직원들은 회사를 위해서 능동적으로 움직이기 시작했다. 회사의 입장에서 보면 믿고 맡길 수 있는 진정한 동료를 얻은 셈이다.

연구 개발과 제품을 현지화하라

현지화는 연구 개발에서도 중요한 정신이다. 우리는 현지 시장에 맞는 제품을 개발, 생산하기 위해서는 자체적인 연구 개발 인력이 필요하다고 판단해 독자적인 연구 개발 능력을 확보

했다. 그래서 현지에서 생산하는 제품에 많은 독특한 기능을 추가할 수 있었고, 이런 특징과 장점(Unique Selling Point) 때문에 더 좋은 가격에 더 많이 팔 수 있었다.

회사 경영 초기 아직 자체 생산 공장이 건립되지 않았을 때, 우리는 주문자 생산 부착 방식(OEM)을 도입, 인도인과 공동 작업을 하면서 제품을 생산했다. 그러던 어느 날 한 소비자가 화난 얼굴로 검게 탄 텔레비전을 들고 뛰어 들어왔다. 전혀 예상하지 못했던 사건이 벌어진 것이다. 연구개발팀으로서는 여간 당혹스런 순간이 아니었다. 만약 조립이나 부품에서 결함이 발견된다면 제품의 생명력에 치명적인 타격을 주는 것이었다.

일단 생산 라인을 중단시키고 원인 분석에 들어갔다. 콘덴서가 폭발한 것이었다. 그런데 왜 폭발했을까? 그 원인은 인도의 열악한 전기 사정에 있었다. 인도의 전압은 100~400V를 불규칙하게 오르내렸는데 한순간 전압이 400V에 오르자 텔레비전이 폭발하고 만 것이다.

일주일 후 400V에서도 견딜 수 있는 새로운 콘덴서를 개발했다. 그러나 인도의 열악한 전기 상황에서 볼 때 만족할 수 없었다. 그래서 현지에 맞는 품질 개발을 목표로 인도 품질 기준(ICTS)을 만들었다. 즉 모든 가전제품을 최고 전압 450V, 최소 습도 95%, 최고 온도 45℃에 견딜 수 있는 제품으로 표준화했다. 그래서 '인디아 OK, 글로벌 OK'라는 신조어를 만들었다. 즉, 열악한 인도에서 견딘 현지화 제품은 세계 어디서도 보증받는 최고의 품질이라는 뜻이다.

현지화 제품 개발에 대한 다른 예들도 많다. 텔레비전 안에 크리켓 게임을 추가한 것도 현지화 전략의 성공적인 사례다. 이 경우 텔레비전용 리모트 컨트롤만 가지고는 안 되어서 게임을 할 수 있는 조그 셔틀(Jog Shuttle)을 함께 개발해야 했다. 이뿐 아니라 카 레이스를 비롯해 5가지 게임을 텔레비전에 내장하는 빌트인(Built-In) 형식으로 개발했다. 또한 앞서 말한 텔레비전 초기 화면에 나오는 운영 프로그램의 언어를 다양한 언어로 읽을 수 있도록 한 것 또한 현지화 노력의 하나다. 만약 이런 개발을 한국 본사에 의뢰했다면 실현이 불가능했을 것이다.

Credo 19
판매의 운명은 구매에 달려 있다

구매를 잘하려면

일반적으로 기업의 성공에 필요한 것을 꼽으면 제품의 판매가 가장 중요하다고 생각한다. 그러나 사실은 판매도 중요하지만 제품 생산에 필요한 물품을 잘 구매하는 것이 더 중요하다. 만약 물건을 비싸게 사거나 잘못된 시점에 구입했거나, 혹은 수량을 잘못 샀다면 그렇게 생산한 제품을 아무리 잘 판매했다 해도 기업 차원에서는 손해다. 그래서 판매는 벌써 구매 시점에 그 운명이 90% 결정된다. 그렇다면 구매를 잘하기 위해서는 어떤 마음과 자세가 필요할까?

첫째, 독립심이 있어야 한다. 여기서 다시 '헤어짐의 철학'

이 중요하다. 각자 잘살아가려는 정신(자생력)과 그것을 향한 실제 노력이 필요하다. 자기 나름대로 결정하고 개발해 보겠다는 창의성이 있어야 한다. '한국 본사에서 다 해주겠지'라는 생각은 잘못된 것이다. 현지에서 멀리 떨어져 있는 한국 본사가 어떻게 외국 공장의 다양한 요구를 다 만족시켜 줄 수 있는가? 한국 본사가 다 해주기를 기대하는 것은 아주 잘못된 생각이다.

둘째, 도전 정신과 적극성이 있어야 한다. 새로운 공급업자를 찾고 개발하려는 적극성이 있어야 한다. 많은 사람들이 기왕에 해왔던 거래 방식에 안주하고 새로운 공급업자를 개발하는 데 두려움을 느낀다. 개인이나 조직이 그렇게 폐쇄적이고 보수적인 자세로 새로운 공급업자의 접근을 꺼린다면 절대 성공적인 회사나 경쟁력 있는 조직이 될 수 없다.

한국 기업은 '갑과 을의 관계'를 너무 많이 의식한다. 그래서 자신이 갑이 되면 을을 무시하는 태도를 갖기도 하고 반대로 을은 비굴해지기 쉽다. 그러나 자기가 갑이라는 오만한 생각을 버려야 한다. 훌륭한 공급업자가 얼마나 중요한지, 그리고 그런 경쟁력 있는 새로운 거래처의 발굴이 얼마나 중요한지를 잘 아는 조직이 이기는 조직이다. 새로운 공급업자가 쉽게 접근을 할 수 있는 열린 회사가 되어야 한다.

미국에서 근무할 때 큰 회사의 구매 담당자와 전화로 쉽게 약속할 수 있었다는 점이 인상적인 경험이었다. 처음 거래를 할 때도 비서를 통해 약속하고 가면 관련된 많은 사람들이 회의에 성의 있게 참가해 새로운 거래처 발굴에 깊은 관심을 보였다.

마이애미에 있는 IBM 리셉션에서의 경험인데, 그곳은 처음 찾아오는 방문자가 구매 담당자를 쉽게 찾을 수 있도록 각 제품별로 이름과 전호번호 등이 표시되어 있었다. 새로운 거래처나 공급업자 개발을 위해 노력하는 모습이 인상적이었다.

셋째, 회사는 질좋은 품질 확보를 위해 색다른 노력을 해야 한다. 독립적이고 적극적인 신규 공급업자의 개척을 통해 품질과 원가절감 모두에 성공해야 한다. 특히 해외 구매는 품질을 직접 점검할 수도 없고 납기일에도 차질이 예상되기 때문에 반드시 경험이 있는 회사와 거래해야 한다.

이때의 경험 평가 방법 중 하나는 그 새로운 업체가 유명한 회사와 거래하고 있는 회사인가를 알아보는 것이다. 물론 이것이 판단의 전부는 아니지만 유명한 회사와 거래를 했다는 것은 이미 많은 부분이 검증되었다는 것을 보여 주는 것이다. 또한 외국 공급자의 경우 이원화하여 국내 공급자와 보완관계를 유지하게 하는 것이 중요하다. 그래서 만약 한쪽에서 문제가 발생하더라도 다른 선택의 여지가 있게 되고 그러면 생산에 차질을 막을 수 있다.

넷째, 공급업자 또는 협력회사를 잘 관리해야 된다. 구매가 중요하기 때문에 공급업자를 어떻게 동반자 정신으로 관리하느냐 문제는 대단히 중요하다. 대기업은 중소기업인 공급업자의 발전을 위해 생산 기술 및 생산 원가 절감을 위한 혁신 등을 가르쳐 주어야 한다. 동반자로서 함께 성장할 수 있도록 노력해야 한다는 의미다. 많은 회사들이 이 부분을 도외시하거나 꺼린다. 그것은 기술이 회사의 비밀이고 자산이라고 생각하기 때문이다. 그러나 새로운 혁신 방법이나 새로운 기술을 공유하지 않고 어떻게 원가절감을 할 수 있겠는가? 열린 마음으로 공급업자와 협업하지 않고는 혁신이 불가능하다.

나는 공급업자와 서로 협력하고 함께 성장하는 문화를 만들기 위해 분기별로 협력회사 모임을 가졌다. 이 모임에서 일방적인 발표나 지시보다 그들의 제안을 듣는 데 주력했다. 몇 그룹이 20~30분 토론해서 공통 사항을 발표하는 방식이었는데, 이런 노력이 협력회사 불만해소에 크게 도움이 되었다. 또한 이 모임에서 품질 및 혁신의 실적을 서로 경쟁하도록 유도했다. 모든 실적을 수치화해 회사별로 비교하여 서로 자극받도록 했다. 또한 잘한 회사를 격려하기 위해 시상하는 것도 잊지 않았다.

공급업자에게 제때에 대금을 지급하는 것도 중요하다. 종종 공급업자에 대한 대기업의 횡포가 기사화되고 있다. 가격을 저평가한다거나, 제때에 대금을 지불하지 않아 도산 위기에 처한 중소기업의 볼멘소리를 듣게 된다.

대금을 제때에, 제대로 지급해 주지 않으면 아무리 비싸게 팔아도 소용없다. 우리는 대금 지급을 정해진 날짜에 신속하게 지급하도록 하였다.

　　회사 경영 초기에는 우리 회사가 구매 가격이 좋지 않다고 거래를 꺼리는 협력회사가 많았다. 그러나 대금 지급 부분에 있어서 틀림없이 신뢰를 지킨다는 명성을 얻게 되자 많은 회사가 우리와 거래하기를 원했다. 한 걸음 더 나아가 우량 협력회사에게는 대금을 미리 지급하는 선급제도를 실시했다. 이 제도는 협력회사는 필요한 자금을 신속하게 조달하고 우리는 자금을 여유 있고 효과적으로 활용할 수 있어서 일석이조의 효과를 얻을 수 있었다.

Credo 20
어려울수록 변해야 살아남는다

'위기 경영'이라는 말은 본래 국가나 회사에 위기가 닥쳤을 때 어떻게 그 위기를 잘 극복하느냐는 의미로 사용된다. 이 위기를 잘 이기기 위해서는 다양한 방법, 다양한 시스템이 활용된다. 이것은 소극적인 의미에서 '위기 경영'이다. 그러나 나는 다른 뜻으로 '위기 경영'이라는 말을 사용하는데, 그것은 창조적인 위기의식을 만들어 혁신으로 이끌어간다는 적극적인 의미에서 '위기 경영'이다.

'위기 경영(Crisis Management)'으로 혁신하라

실제로 기업은 항상 위기 속에 있다. 시장은 끊임없이 살아 움직이고, 새로운 경쟁자는 시장 확보를 위해서 독특한 전략으로 기존 업체를 공격한다. 미국의 저명한 경영학 교수는 시장을 '불확실성(Uncertainty)'으로 정의했는데, 그만큼 변화무쌍하기 때문이다. 지금 잘하고 있다 하더라도 변화하지 않으면 경쟁에서 질 것이다. 문제가 없다는 생각이 가장 큰 문제다.

위기 경영을 통한 혁신의 핵심은 '어려우면 변해야 하고, 변하면 해결책을 찾을 수 있고, 해결책을 찾으면 오래 갈 수 있다(窮則變 變則通 通則久)'라는 중국 고전 속에 들어 있다.

사람들은 위기의식을 느끼면 적합한 해결 방법을 모색하게 되고, 그렇게 찾은 해결 방법은 위기를 극복하는 동력이 된다. 그래서 더 오래 유지될 수 있는 것이다. 그러므로 위기는 오히려 변화와 성장을 위한 기회다. 다가오는 위기를 두려워하지 않을 이유도 여기에 있다. 한 걸음 더 나아가 최고 경영자의 중요한 임무는 항상 건전한 위기의식을 만들어 조직이 끊임없이 자기 혁신을 할 수 있도록 이끌어 가는 것이다. 이것이 내가 말하는 '위기 경영'을 통한 혁신의 내용이다.

나는 위기 경영의 한 방식으로 실현 가능한 높은 목표를 설정했다. 또 이 목표를 통해 조직 전체를 긴장시키고, 권한 위임을 해서 활기를 불러일으켰다. 연초에 취약점을 분석해 새로운 혁신 목표를 세우는 일은 무엇보다 중요하다. 최고 책임자가 위에서 목표를 주는 방법도 있고, 아래에서 토론을 거처 올라오는 방법도 있다. 두 가지 모두 적절히 활용하는 것이 좋다. 나는 높은 목표로 방향을 제시하고, 실행 방법은 각 부서가 토론하고 합의해서 발표하는 형식을 주로 사용했다. 예를 들면 생산성을 30% 향상시켜 이익을 30% 개선해야 한다는 목표를 주고 실행 방안을 연구 발표하도록 했다.

풍부한 상상력이야말로 가장 중요한 창의력의 요소다. 그래서 발표할 때는 컴퓨터 프로젝터를 사용하지만 양옆에는 칠판을 준비해 놓아 쓰면서 설명하고 즉석 질문의 대답도 쓸 수도 있게 했다. 사람이 쓰면서 설명을 하는 것은 말로만 하는 것과 상당한 차이가 있다. 쓰면서 전체적으로 다시 한 번 정리할 수 있고, 시각적으로 정리된 모양으로 다듬을 수 있다. 그래서 모든 부서에 칠판을 제공하여 내부 토론을 할 때도 쓰면서 이야기하도록 했다. 생각을 쓰고 그리면서 새로운 아이디어가 나오는 것이다.

이 상상력의 함양을 위해서도 가장 중요한 요소가 바로 '열린 마음'이다. 앞서 여러 번 강조했지만 열린 마음은 아무리 강조해도 지나치지 않는다. 그리고 열린 마음은 건강한 경영 철학의 출발이고 토대이다. 고정관념에서 벗어나는 것, 자기와 다른 생각을 경청하는 태도, 진리는 하나가 아니라는 생각, 진리가 흑백 이분법의 영역이 아니라 회색일 수 있다는 생각이 열린 마음이라고 할 수 있지 않겠는가! 이런 열린 마음이 무한한 상상력을 키우고 창의력을 높여 혁신을 가능케 하는 것이다.

자주적으로 혁신하라

혁신이 성공하기 위해서는 혁신 운동의 내용이 독립성과 자주성을 지녀야 한다. 좋은 혁신은 받아들이되, 남이 하는 것을 그대로 흉내내서는 안 된다. 좋은 점을 소화해서 내 것으로 만들어 구성원들에게 적용할 때 호소력과 현실감이 있는 것이다.

좋은 예가 하나 있다. 이른바 '5S 운동'이라는 것이다. 이것은 일본에서 수입한 혁신 운동 중 하나로 한국 기업들이 '정리', '정돈', '청소', '청결', '습관'으로 번역해서 사용해서, 처음에는 왜 S자로 시작하는 5S인지 이해가 되지 않았다. 그래서 찾아보았더니 각 단어의 일본어 발음이 영어 S로 시작되기 때문이었다. 일본에서 이 운동을 5S라고 했다 해서 한국에서 그대로 수입한 것이다. 정신과 내용을 가지고 오면서 우리에게 전혀 의미 없는 S까지 수입한 것이다. 그래서 나는 이 정신에 맞게 S에 시작되는 영어 단어로 5S를 만들었다. 그것이 바로 'Sweeping(청소), Sorting(정돈), Systemization(체계화), Simplification(단순화), Self-Discipline(자기 훈련)'이다.

이렇게 자주적이고 주체적으로 바꿔보니 그 뜻이 더욱 분명해졌고, 영어를 사용하는 인도 직원들도 왜 5S라고 하는지 명확하게 알게 되었다. 혁신의 수단은 남의 것을 배우더라도, 나만의 수단과 방법으로 바꿔야 성공할 수 있다.

나는 이 5S 운동이 모든 혁신 운동의 시작이라고 생각한다. 즉 청소하고(Sweeping), 정리 정돈(Sorting) 잘하는 것으로 출발하여, 체계화(Systemization)하고, 단순화하고(Simplification), 자기 훈련(Self Discipline)을 강화하는 것이야말로 혁신의 출발이다.

깨끗하고 정리 정돈이 잘 된 공장은 직원들의 생각도 정리 정돈이 되어 있고 품질도 잘 관리된다. 누가 왔을 때 남에게 보여 주기 위해서 일시적으로 정리 정돈하는 것은 그 공장의 본래 모습이 아니다. 누가 오든 말든 항상 깨끗하게 관리되는 공장은 사고가 없고 생산성이 높으며 품질 좋은 물건을 만들어낸다. 이처럼 모든 혁신의 기본이 이 5S에 담겨 있다.

한번은 공장을 시찰하는데, 냉장고 생산 라인 중 일부 작업자의 복장이 너무 더러웠다. 그래서 옷을 자주 갈아입도록 여분의 옷을 지급하도록 지시했다. 작은 일 같지만 5S는 자기 몸 관리에서부터 시작해야 하기 때문이다.

인도 공장은 1997년 회사 설립 이후 한국 본사가 만든 여러 가지 혁신의 도구를 받아들여 교육해 왔다. 그래서 초기에는 '5S', '6 Tools TDR' 운동, 몇 년 전부터 인기를 끌고 있는 '6시그마 운동', 그리고 도요타의 '간판 시스템(Board System)', '블루오션(Blue Ocean)' 등 다양한 혁신 방법들이 소개되고 현장에서 실행되어 왔다.

이 중에서 특히 숫자로 계산하는 6시그마 운동을 인도 종업

원들이 잘 따라왔다. 6시그마 운동은 혁신 등급을 그린벨트
(Green Belt), 블랙벨트(Black Belt), 마스터벨트(Master Belt)로 나눈다.
인도 법인에서는 그린벨트는 인도 자체적으로 시험과 혁신 실적
에 따라 주고, 블랙벨트 이상은 한국 본사가 주관하는 시험에 합
격해야 인정하도록 했다. 마스터벨트는 신청하지도 않았다. 왜
냐하면 최고인 마스터벨트는 업무에 크게 도움이 되지도 않을
뿐 아니라 준비에 많은 시간이 소요된다고 생각하여 적극적으로
권하지 않았다. 종업원들이 회사를 옮길 때에도 이 6시그마의 벨
트 등급은 아주 좋은 경력이 되었다.

　　이런 혁신 운동을 실천하면서 깨달은 것은 많은 방법을 소
개하는 것보다는 몇 가지를 꾸준히 실천하고 깊이 있게 진행하
는 것이 중요하다는 것이다. 일본 도요타 자동차 공장을 방문했
을 때, 일본 책임자는 내게 "한국에서는 혁신도 유행을 따라 너
무 자주 바꾼다"고 말했다. 그는 하나를 꾸준히 해야 한다고 충
고했는데, 그 말을 듣고 반성하게 됐다.

　　또한 혁신 운동은 정체되거나 한 가지로 고정될 수 없다. 새
로운 시장 상황과 기업 현실에 걸맞게 계속 건강한 혁신 운동으
로 진화해 나가야 하는 것이다.

꾸준한 실행과 자발적 참여로 혁신을 완성하라

혁신은 멋진 말이나 보고서로 하는 것이 아니다. 작은 혁신이라도 목표를 정해 꾸준히 실천하고, 직원 스스로 참여하며, 정기적으로 점검하는 것이 중요하다. 무엇을 바꾸고 무엇을 개선할지 분명히 하고, 정해진 시간 속에서 팀워크를 이루어 실천해야 한다. 그리고 각 프로젝트별로 성과에 따라 보상하는 정기적인 회의체가 있어야 한다.

실행이 꾸준히 되기 위해서는 많은 사람이 참여하는 재미있는 혁신 활동이 되어야 한다. 또 재미있는 혁신 운동이 되기 위해서는 사원들의 자발적인 참여가 있어야 한다. 그렇게 되면 직원들이 혁신 프로젝트에 주인의식을 갖게 되고 책임감과 도전 의식, 그리고 창의성이 발휘한다.

전략은 흉내낼 수 있지만 실천은 쉽게 따라 할 수 없다. 전략을 소화해서 그 목표를 내 것으로 삼아 주인의식을 갖고 실행할 수 있으려면 그 조직 전체의 지원과 문화가 있어야 한다.

이런 경우가 있었다. 우리 회사의 옛 혁신팀장은 매우 적극적인 성격으로 혁신 활동을 잘 이끌어 갔다. 한국에 가서 교육도 여러 번 받았다. 그런데 다른 회사에서 더 많은 월급을 준다고 하니까 그 회사로 옮겼다. 그러나 그 한 사람이 혁신의 방식을 안다고 해서 그 회사를 혁신시킬 수는 없었다. 그것을 뒷받침하고 받아들이는 회사 문화가 없었기 때문이다. 혁신은 특별한 어느 한 사람의 능력으로 이뤄지지 않는다.

Credo 21
직원보다 회사가 먼저 달라져야 한다

혁신이 성공하기 위해서는 먼저 회사가 변해야 한다. 즉 회사 구성원을 위한 제도나 설비, 복리후생 부분에서 회사가 바뀌고 있다는 것을 직원들이 느낄 수 있어야 한다. 만약 직원들에게는 혁신을 요구하면서 회사는 여러 가지 운영을 구태의연하게 한다면, 혁신은 성공하지 못한다.

나는 직원들에게 5S를 강조하기 위해서 회사가 무엇을 할 수 있을까 고민했다. 그 고민의 결과, 먼저 사무실과 공장 등의 건물에 페인트를 새로 칠해 깨끗하게 유지하도록 했다. 인도의 건물은 기후 탓으로 쉽게 더러워지고 낡아진다. 그래서 청결한 건물을 유지하기 위해서는 남다른 노력이 필요하다. 직원들이 그 깨끗한 상태를 보고 품질도, 기계 관리도 깨끗하게 해야겠다는 마음이 생기도록 일 년 내내 모든 벽을 청결하게 유지했다. 또한 천장에 누수 자국이라든가 쥐 분비물 자국이 없도록 하고, 전등이 하나라도 고장나면 회사가 먼저 신속하게 수리하도록 했다. 일등 회사로서 남다른 점을 느낄 수 있도록 노력했고, 작은 부분이지만 어디든지 흠이 있을 때 즉시 보수하는 회사, 회사가 항상 깨어 있다는 것을 직원들이 느낄 수 있도록 했다. 인도 회사에서 가장 부족한 것이 바로 이런 기강인데, 회사가 먼저 모범이 되어 회사의 기강을 잡아나갔다.

혁신이 계속 이뤄지기 위해서는 직원들의 눈높이를 높여야 한다. 생산 라인에서 품질에 대한 눈높이, 시장에서 전시 및 판매 관리의 눈높이를 높여야 일등을 할 수 있다. 그런 높은 눈높이를 유지하기 위해서 혁신이 필요한 것이다.

혁신은 공장에서만 하는 것으로 이해하고 있지만, 사실 회사 전 부문에서 일어나야 한다. 판매 마케팅의 혁신, 관리의 혁신, 인사 관리의 혁신 등 항상 변하고 달라지지 않으면 경쟁에서 이길 수 없다.

빅 체인지 운동(Big Change Campaign)

혁신은 달라지는 것이다(Differentication). 그런데 혁신이라는 말이 너무 많이 사용되고 식상하다는 생각이 들었다. 그래서 '빅 체인지(Big Change) 운동'이라는 용어를 사용하여 새로운 생각을 갖도록 했다. 이때 혁신과 '빅 체인지 운동'의 다른 점은 무엇을 '크게' 바꿀 수 있는가 하는 점이다.

혁신에는 작은 것도 있지만 '빅 체인지'는 생각을 크게 해서 근본적인 것을 바꾸는 과감한 발상을 요구한다. 이 운동을 실행하고 검토하는 회의를 3개월마다 열었다. 이를 통해 좋은 방안이 많이 나왔다. 그중에서 확정되지 않은 안은 계속 연구 검토해서 발표하고, 즉시 실행할 수 있는 것은 실행의 문제점, 진척 현황 등을 좀 더 자세하게 검토하고 발표하게 했다.

빅 체인지 운동 중의 하나는 다음 해에 무엇을 '크게 바꾸어' 업무의 생산성을 높이고 경영 성과에 '크게 기여'할 수 있을 것인지, 그 방안을 모색하는 것이었다. 그래서 각 부서장과 최고 책임자가 모인 자리에서 토론을 거쳐 그 부서의 목표를 발표하게 한 후 방안을 확정했다. 이 빅 체인지의 목표는 직원들의 자발적 참여를 통한 새로운 아이디어의 발굴과 실천이었다.

낭비를 줄이자

매년 시장 가격 하락에 대비해 재료비 절감을 통한 원가절감을 실천해 왔다. 이런 재료비 절감은 연구개발팀이 설계를 변경하여 부품을 줄이거나, 상대적으로 질 좋고 싼 부품을 사용하거

나, 구입처를 바꿔 비슷한 품질의 싼 부품을 구입하는 방식으로
이뤄졌다. 그러나 이런 방법으로 재료비를 절감하는 것은 한계
가 있었다. 그래서 시작한 운동이 '낭비제거운동'이다. 이 운동
은 생산 과정이나 절차를 간소화하여 비용을 절감하는 운동이었
다. 우선 각 부서에서 자진해서 목표를 세우도록 했고, 진척도를
매달 점검했다. 그리고 효과적으로 목표를 달성한 부서는 시상
을 하였는데, 이 운동으로 인해 많은 성과가 있었다.

예를 들면 이전에는 수입 물품이나 수입 부품의 통관 과정에
평균 2주 정도의 시간이 걸렸다. 또 이런 통관 지연으로 인한 과
태료가 매우 비쌌다. 이 비용을 줄이기 위해 수입 물품을 바로 보
세 창고로 옮겨 놓는 시스템을 만들었다. 그 결과 과태료를 절약
할 수 있었다. 물론 추가로 보세 창고 비용이 나갔지만 과태료보
다는 훨씬 경제적이었다. 큰 것에서 작은 부분까지 혁신에는 끝
이 없는 것이다.

Credo 22
실패한 자가 복이 있나니
큰 배움이 있기 때문이다

권한 집중에서 권한 분산을 결정하다

사람은 성공보다는 실패를 통해서 더 값진 것을 배운다. 나 또한 회사를 경영하면서 많은 어려움을 겪었고 실패도 맛보았다. 그러나 그런 경험들이 오히려 지금의 나를 있게 한 계기가 되었음을 의심하지 않는다. 그것은 실패에 절망하지 않고 그것을 극복하기 위해 새롭게 노력했기 때문이다. 그러므로 일을 시작할 때 철저하게 준비하되 실패할 것을 두려워해서는 안 된다.

회사 경영 초기 약 3년간은 판매와 마케팅의 권한을 인도인 부사장 한 사람에게 주어 그가 전권을 갖고 조직을 총괄하도록 했다. 그런데 시간이 갈수록 권한 집중에 따른 부작용이 심각하게 발생했다. 그 이유는 과도하게 권한 위임이 집중되면 그 사람에게 지나치게 기대를 하고, 또 그에 따라 큰 실망을 낳기 때문이다.

첫 부사장은 아주 똑똑하고 유능했지만 성품이 너무 강직했다. 그는 회사 초기에 전반적인 판매 조직망이라든가 정책의 기초를 아주 잘 닦은 공신이었다. 그러던 그가 2년 뒤 어느 날 일방적으로 회사를 떠나는 것을 보고 크게 실망했다. 나는 외부에서 부사장을 영입하지 않고 그 아래 있던 관리자를 부사장으로 승진시켰다. 그러나 일 년 후 매우 실망하기 시작했다. 그는 하루가 다르게 급변하는 시장에 신속하고 자신있게 대응하지 못했다. 장사는 마치 전쟁과 같은 것이어서 뺏기는 자와 뺏는 자로 구분된다. 어느 누가 먹고 있던 빵을 내놓으려고 하겠는가! 신속한 대응이야말로 제일 중요한 전략이다. 그런데 새 부사장은 이것을 감당해내지 못했고, 그 가장 큰 이유는 권한 위임을 할 줄 몰랐기 때문이다. 자기가 모든 것을 결정하고 책임지려는 태도는 자신은 물론 회사까지 망치고 부하직원 모두를 망치는 것이다. 그는 결국 책임을 지고 회사를 떠날 수밖에 없었다.

이런 실패의 경험을 토대로 나의 경영 철학은 완전히 바뀌었다. 권한 집중이 아닌 권한 위임의 철학을 더욱 더 체득한 것이다.

이후로는 부사장은 모든 권한이 아니라 조정 기능만 가졌고, 제품별로 5~6명의 관리자가 자기 제품에 대해서 전권을 갖는 권한 분산의 원칙을 시행하기 시작했다. 그러자 회사 전체가 한 사람의 판단에 의존하는 어리석음에서 벗어났다. 대신 제품별 책임자의 판단과 신속한 결정으로 영업에 활기를 되찾고, 모든 제품이 일등을 향해 달려갈 수 있게 되었다. 그러나 권력 분산의 경영 의지는 여기서 멈추지 않았다. 더 아래 조직까지 권한 위임의 철학을 실천했다.

영업 담당 부사장의 권한이 제품 담당 관리자에게 위임된 지 2~3년이 지난 후, 나는 다시 지사장에게 판촉 예산 집행 권한을 위임했다. 이제는 영업 현장에 있는 지사장이 즉석에서 판촉 예산을 집행하고 그 결과에 책임을 지게 된 것이다. 전에는 40개 지사장이 본사에 있는 제품 담당 관리자에게 보고하고 승낙을 기다리는 절차를 거쳐야 했다. 그러나 이제는 사전에 예산을 제시해 주고 그 범위 내에서 집행하고 잘잘못의 여부는 나중에 평가받도록 했다. 이런 권한 위임을 통해 전체 지사장의 10% 정도만 항상 예산을 초과하여 집행하는 결과를 낳았다.

정리하면 권한의 하향 위임이 시장에서 이기는 비결이다. 왜냐하면 그것은 신속한 결정을 가능하게 하고, 신속한 결정은 판매의 생명이기 때문이다.

그 동안 나는 믿고 맡기는 경영을 했다. 그러나 그 과정이 순탄치만은 않았다. 그래서 실망한 때도 여러 번 있었지만 끝까지 포기하지 않고 시스템으로 보완하도록 노력했다.

첫 번째 나타난 부작용은 재정적인 문제였다. 그 문제 중 90% 정도는 아량으로 수용할 수 있었다. 그들이 만약 실수를 인정하면 과감하게 용서하고 다시 기회를 주어 조직을 활기차게 이끌어 갔다. 만약 이런 문제를 지나치게 엄격한 기준으로 평가하면 믿고 맡기는 권한 위임의 경영은 불가능하다.

나는 회사를 경영하면서 무엇이든, 어떤 일이든 긍정적으로 보려는 낙천적 기질의 사람이 되려고 노력했다. 똑같은 일이라도 긍정적으로 볼 수 있고, 부정적으로 볼 수도 있다. 모든 일을 긍정적이고 진취적으로 보고 부족한 점은 보완해 나가는 것이 함께 살아가는 길이고, 또 경쟁에서 이기는 길이다. 절대적으로 순수하고 절대적으로 올바른 것은 하나도 없다.

마케팅 부서에도 같은 문제가 종종 발생했다. 부서 특성상 많은 예산을 집행하고 더군다나 위임 이후 자율권이 많다 보니 불미스러운 소문이 끊임없이 일어났다. 정말 안타까웠다. 뚜렷한 증거는 없이 무성한 소문을 믿고 징계할 수는 없는 것이었다. 믿고 맡기는 경영에 대한 나의 신념이 큰 상처를 받을 위기였다. 그러나 나의 결론은 사람을 의심해서는 안 되고, 대신 가능한 사람이 실수를 하지 않도록 제도를 보완해야 한다는 것이었다. 그래서 판촉 수단의 결정은 마케팅 부서에서, 최종 가격 결정권 및 지불은 판매 관리 부서에서 하도록 이원화해 투명성을 높이도록 했다.

10년 동안 이런 불미스런 이유로 2~3명의 직원이 책임을 지고 회사를 떠났다. 그럼에도 대부분의 사람은 정직하게 열심히 회사를 위해 최선을 다했다. 그러므로 몇 명의 소수 때문에 전체를 믿지 못하는 어리석음은 피해야 한다.

인도에 있는 다른 한국 회사에서는 인도인을 믿지 못해 인도인과 한국인을 짝으로 배치해 서로 견제하도록 하는 경우가 있다. 이것은 아주 잘못된 제도요, 비인간적인 못된 기업 문화다. 사람을 믿고 동시에 그것의 문제점을 제도로 보완해야지, 사람 자체를 믿지 못하면서 같이 일할 수 있겠는가?

믿고 맡기는 경영에서 발생된 두 번째 문제는 개인의 능력이 부족하거나 경영 실적이 미미한 경우다. 이렇게 되면 실망이 클 수 있다. 예를 들어 어떤 사람이 A라는 직책은 잘 수행했는데, B라는 조금 어려운 일을 시켰더니 그 결과가 아주 실망스러웠다. 참으로 안타까운 일이다. 그러나 그 사람의 한계를 인정해야 한다. 이런 경우 다른 직책으로 옮겨 다시 기회를 주도록 노력했다.

이런 몇 가지 실망에도 불구하고 믿고 맡기는 경영이야말로 가장 강력한 조직 문화의 근간이라는 확신에는 변함이 없다.

개인 평가와 팀워크의 조화가 필요하다

앞에서 언급한 대로 내가 회사를 경영하면서 지킨 중요한 경영 철학 중 하나는 '건전한 개인주의'였다. 조직이라는 '전체'의 이름 아래 개인의 의견과 창의성이 희생돼서는 안 된다는 생각 때문이었다. 그러나 역설적으로 건전한 개인주의가 자리를 잡기 위해서는 동료나 타 부서간의 협조가 절대적으로 필요하다고 확신했다. 따라서 건강한 개인주의가 활성화되면 팀워크도 잘 이루어질 것이라고 예상했고, 이런 차원에 개인 평가를 중요시했다. 즉 개인의 목표를 정한 후 한 부서의 목표를 정하고, 나중에 그 목표 달성을 평가하는 방식이었다.

그런데 이렇게 개인 목표 중심으로 평가하는 방식의 운영을 오래 하다 보니 개인이 조직 전체에 협조하지 않는 부작용이 생겼다. 애초에 조직 전체에 협조하지 않으면 개인의 목표 또한 잘 달성하지 못하리라는 생각에 '개인 목표 달성=전체 목표 달성'이라는 공식을 전제했는데, 현실은 달랐다.

그리고 조직의 책임자들은 판단하는 눈이 달랐다. 그들은 조직원들이 전체의 이익보다 개인의 목표 달성에 더 치중한다고 판단했다. 이제 개인과 조직의 공동발전을 위한 보완과 대안이 필요했다. 그래서 제안된 것이 조직 전체의 평가를 기본으로 하여 개인평가를 내리는 방식이다. 예를 들어 부서 전체의 평가가

B등급이라면 부서원의 평가도 그 범위 내에서 영향을 받도록 하는 제도로 바꿨다. 결론적으로 말해 건전한 개인주의를 위해서라도 개인의 평가와 그 조직 전체의 평가는 조화를 이루는 것이 꼭 필요하다.

영업 중지 소송과 경쟁사의 모함을 통해 단련되다

영업 활동은 정정당당해야 한다. 경쟁사를 공격하는 일보다 더 매력적인 제품으로 소비자에게 다가가는 것이 시장에서 이기는 정당한 방법이다.

우리 회사가 급속도로 성장해가자, 많은 경쟁사들이 위협적이고 심각한 공격을 해왔다. 법정에서 시시비비를 가려야 할 일도 있었는데, 만약 우리가 소송에서 진다면 영업을 중단해야 하는 위태로운 일도 있었다.

첫 번째 소송은 냉장고 용량 표시로 야기된 판매 금지 소송이었다. 소송 내용은 부적절한 용량 표시로 소비자를 기만했다는 것이다. 냉장고를 생산하는 두 경쟁사가 합동하여 소송을 했다. 그중 한 업체는 인도의 토종 업체이고 또 한 업체는 인도에서 어렵게 생존해 나가는 미국 기업의 제조회사였다. 그러나 사실 냉장고의 용량 표시는 인도 공인 규정이 없기 때문에 여러 가지 방법으로 계산할 수 있는 것이었다. 일 년여의 법정 투쟁을 거쳐 영업 중단이라는 최악의 사태는 면했다.

이 법정 투쟁에서 크게 도움이 되었던 것은 인도 최고의 공과대학인 IIT(Indian Institute of Technology)에서 근무하는 어느 교수의 실험 결과 보고서였다. 그런데 경쟁사에서 이 교수를 매수하려 했다가 매수가 불가능하자, 그 교수가 우리 회사에 매수당했다는 주장을 했다. 이렇게 어려운 고비를 여러 번 넘긴 후 결국 소송에서 이겼다. 그러나 이 소송을 계기로 공인 규정이 없더라도 더욱 신중하게 용량 표시를 검토하게 되었다.

두 번째는 세탁기 기술이전 계약 불이행에 관한 이유로 판매중지 소송을 당한 일이다. 이 경우는 한국 본사와 인도 제조회사간의 분쟁이었는데, 우리 회사가 한국의 자회사로서 피고가 된 것이다. 한국 본사가 기술이전 계약을 성실히 이행하지 않은 것이 화근이었다. 결국 한국 본사와 인도 제조회사가 타협을 해서 한국 본사가 손해를 배상하고 이 소송은 마무리되었다.

소송은 아니지만 경쟁사의 모함으로 곤경에 처한 경우도 많았다. 그중 하나가 인터넷에 악의적으로 조작된 소문을 끊임없이 퍼트리는 것이다. 예를 들어 우리 회사의 텔레비전에서 과도한 전자파가 나온다는 것이다. 이런 허무맹랑한 발언을 그냥 지나쳐버려서는 안 된다는 생각에 우리 회사의 IT 전문가가 이를 추적하여 최초 발신자를 찾아냈다. 그리고 그 회사의 책임자에게 최초 발신자를 징계토록 했다. 이 밖에도 에어컨의 판매가 일등을 하자 이를 방해하기 위하여 질 나쁜 싼 부품을 사용하여 가격을 낮추고 있다고 역 선전하여 큰 어려움을 겪은 일도 있다.

소비자에게 더 나은 제품으로 승부를 거는 것이 아니고 경쟁사를 험담하여 이기려는 태도는 오래 갈 수 없는 정말 나쁜 마케팅이다.

숫자 경영의 약점에서 아량을 배우다

항상 숫자로 평가되는 결과 중심의 경영을 하다 보니 부작용도 많았다. 이런 일도 있었다. 인도 동북쪽의 콜카타(Kolkata)에 있는 지사에서 일어난 일인데, 지사에서는 매출이 일어났고 물건도 공급되었는데 대금 회수가 안 되었다. 알아보니 물건이 제3의 창고에 가 있었다. 대리점에서 창고 여유가 없으니 다른 곳에 갖다 놓으라고 했는지 혹은 지사에서 임의로 임시 창고에 갖다 놨는지 불확실했지만, 이런 상황이 오래 지속된 것이다.

이런 경우에 즉시 다음 달 매출을 취소하고 제품을 복귀시키면 되는데, 매출 취소를 분석하여 평가하는 시스템이 있다 보니 이러지도 못하고 저러지도 못하면서 몇 달을 보낸 것이다. 그래서 결국 관련 담당자를 문책하고 매출을 취소하여 물건은 원래대로 복귀시켰다.

만약 숫자로 평가되는 실적이 좋지 않아 평가가 나쁘게 되

더라도 이것을 감수하고 원칙을 지키겠다는 책임자의 생각이 강
했더라면 이런 일은 없었을 것이다. 판매 실적을 숫자 중심으로
파악하는 마케팅이 지닌 약점 중의 하나다.

　세상에 100% 완전한 평가는 없다. 회사는 부작용을 최소화
하고 약점을 보완해 나가면서 발전한다. 관용이 없는 원칙은 죽
은 원칙이다. 모든 경영 철학이나 원칙은 그 조직원을 살리는 원
칙이 되어야 한다. 지사의 실적이 나쁜 것은 지사장만의 책임이
아니라 50%는 공장과 시장의 책임도 있는 것이다. 아무리 숫자
경영을 통해 매출과 이익을 내는 것이 최종의 목적이라 하더라
도 그럴수록 더 여유를 갖고 대책을 강구하는 기업이 결국 성공
하는 기업이다.

Part 5

Marketing

숫자(Performance)가
인격이다

기업이나 조직, 그리고 개인 모두 성공하기를 희망한다. 그러나 모두가 성공하지는 못한다. 그렇다면 어떤 기업 어떤 제품이 성공할 수 있을 것인가? 동일한 조건이나 환경 속에서도 남과 다른 그 무엇을 만들어 내지 않고서는 경쟁에서 이길 수 없다. 남과 달라야 이길 수 있다는 이른바 '차별화 전략'이 필요한 것이다.

Credo 23
멋있는 마케팅은 가라

대부분의 사람들이 겉으로 화려한 '멋있는 마케팅(Beautiful Marketing)'을 좋아한다. 마케팅의 속성이 상품을 잘 설명하고 포장해 고객에게 소개하는 것이기 때문에, 자칫 실속보다는 겉모양을 중요시하는 마케팅 전략으로 빠지기 쉽다. 그러나 마케팅은 무엇보다도 실속이 더 중요하다. 인간관계도 그렇지만 제품 마케팅도 진솔해야 한다. 그리고 회사나 제품의 격에 맞는 마케팅이 필요하다. 실속있는 마케팅이 되려면 전달하려는 메시지가 검소하고 단순하면서도 독특한 내용이어야 한다. 이런 마케팅이야말로 고객에게 호소력이 있다.

생각이 달라야 성공한다

상품을 전시할 때도 호화롭고 비싼 전시 디자인보다는 깨끗하고 단순한 디자인이 사람들의 눈에 띄고 고객을 감동시킨다. 중요한 것은 항상 다른 회사와는 색달라야 한다는 점이다. 비싸고 호화로울 필요는 없다. 나는 'Think Different'라는 말을 좋아하는데, 정말로 마케팅은 생각이 달라야 성공할 수 있다.

보통 효과적인 마케팅 업무를 위해 외부 컨설팅 회사를 이용하는 경우가 많다. 그러나 그 회사를 지나치게 의존하는 것은 금물이다. 유명하고 큰 에이전트만이 훌륭한 디자인과 뛰어난 아이디어를 만들 수 있다는 고정관념도 버려야 한다. 작지만 우리 일에 목숨을 걸고 열심히 하는 회사가 정말 좋은 아이디어를 창조할 수 있다. 먼저 회사가 있고 그 다음에 컨설팅이 있는 것이지 컨설팅 회사가 만병통치약은 결코 아니다. 그들의 의견을 절대시하는 것은 오히려 회사가 책임을 회피하려는 것에 불과하고 책임지지 않으려는 사람의 의견일 뿐이다.

세계 일류 컨설팅 회사의 제안서는 논리정연하고 멋있는 양식으로 결론을 도출하지만 책임은 뒤따르지 않는다는 점을 명심해야 한다. 그래서 그들이 제안한 프레젠테이션은 말 그대로 정말 '아름다운 프레젠테이션'에 그칠 가능성이 많다는 것을 기억해야 한다.

독일에 근무할 때 세계 일류 컨설팅 회사의 직원을 판매와 마케팅의 책임자로 고용한 적이 있었다. 그 담당자는 자기가 컨설팅한 프로젝트를 이제는 직접 실행해야 하는 입장이 된 것이다. 그러나 결과적으로 그 담당자는 자신이 연구하여 추천한 결론을 실행하지 못했다. 컨설팅과 실행은 실제로 매우 다른 차원의 영역이다.

'실속있는 마케팅'을 언급하니 이것과 관련된 또 다른 경험이 떠오른다. 처음 인도에서 마케팅을 시작할 때 그 업무를 작은 회사에 위탁했다. 그 회사는 비록 작은 규모였지만 우리를 헌신적으로 도와주었다. 그러다 몇 년 후에 마케팅 담당 회사를 큰 회사로 바꿨다. 더 크고 전문적인 회사인 만큼 마케팅도 훨씬 효과적일 것이라 믿었다. 그러나 예상은 빗나갔다. 새로운 마케팅 회사는 상대적으로 규모가 작은 우리 회사의 업무에 흥미를 잃었고 그러다 보니 노력과 서비스의 질, 그리고 속도가 떨어졌다. 실속보다는 '외양'에 치우친 실수였다.

광고 내용도 추상적인 '뜬구름 잡는' 광고보다 구체적이고 일상생활과 밀착되어 있는 소재로 만든 광고가 훨씬 호소력이 있다. '멋있는 광고'보다 가슴에 와 닿는 광고를 끊임없이 발굴해야 한다. 이런 모든 것을 판단하고 결정하기 위해서는 근본적인 철학이 중요하다. 진솔함과 소박함을 중요하게 생각하는 철학이 요구된다.

마케팅을 하면서 제시되는 가격 조건이나 소비자에게 돌아
갈 혜택도 소비자를 우롱하는 텅 빈 것이 되어서는 절대 안 된다.
회사와 제품이 책임을 질 수 있는 약속, 그리고 소비자에게 실제
로 혜택이 돌아갈 수 있는 약속이어야 한다.

책임이 따르고 당장 실천할 수 있는 실질적이고 실속있는
마케팅을 철학으로 삼는 회사가 성장하고 이익을 낸다. 그리고
장기적으로 시장의 신뢰를 얻어 훌륭한 회사가 되는 것이다.

입으로 하는 마케팅은 버려라

'입으로 하는 마케팅'(Mouth Marketing)이 아니라 '발로 뛰는
마케팅(Foot Marketing)'만이 살 길이다. 책상에서 머리만 굴리고 있
는 탁상공론 마케팅(Desk Marketing)이 아니라 현실의 시장 속에서
살아있는 마케팅이 절실하게 필요하다. 고객에게 다가가 환영받
는 마케팅이 되어야 한다. 그러기 위해서는 시장을 자주 방문하
고 고객의 소리를 들어야 한다.

'발로 뛰는 마케팅'이 얼마나 중요한지는 두바이(Dubai) 지사
근무 시절에 절실하게 깨달았다. 나는 1977년부터 3년간 중동의
두바이에 지사를 세우고 지사장으로 근무했다. 당시나 지금이나
두바이는 매우 무더운 지역이기 때문에 많은 회사가 직접 방문
하기 보다는 팩스로 업무를 처리하는 경우가 많았다. 이런 상황

에 남보다 자주 고객을 찾아가는 사람이 판매에서 이긴다는 사실을 알게 되었다. 내가 더운 날씨에도 불구하고 땀을 뻘뻘 흘리고 찾아가면 고객은 경쟁사에서 온 팩스를 보여주면서 1센트라도 싸게 해주면 나에게 주문하겠다고 하는 것이다. 역시 직접 찾아가고 발로 뛰는 사람이 성공한다는 사실을 절감했다.

소니의 실패를 극복하다

필립스, 소니, 파나소닉 등 세계 굴지의 전자회사들은 우리 회사보다 앞서 인도에 진출해 사업을 전개했다. 그러나 그들은 인도에서 고전을 면치 못하고 있었다. 특히 소니는 실패를 계속하고 있었다. 그래서 우리는 본격적인 마케팅 전략을 세우기에 앞서 그 실패 원인을 분석하기 시작했다. 그 때 발견한 것은 소니가 제품 광고를 신문이나 텔레비전에만 의존하고 있다는 사실이었다. 이 마케팅 홍보 전략에는 문제가 있었다.

인도는 한국보다 30배 넓은 땅이지만 교통망이 잘 발달되지 않은 나라다. 이런 시장 환경에서 그렇게 책상에 앉아서 매체 광고에 의존하는 마케팅 전략으로는 성공할 수 없는 것이 분명했다. 이러한 문제점을 파악한 우리는 현장과 지역 속으로 파고드는 '발로 뛰는 마케팅 전략'을 수립했다.

우선 대도시에 위치한 대리점부터 발로 뛰어 다녔다. 인도의 가전 대리점들은 여러 회사의 제품을 동시에 진열하고 판매하기 때문에 우선은 대리점에 호감을 사야 했다. 그래서 홍보를 위해 대리점 주인과 직원들의 마음에 들 홍보 전략을 펼쳐나갔다. 다음으로 인도 전국을 18개 지역으로 나눠 중소 도시를 찾아가기 시작했다. 지방 순회 홍보를 시작한 것이다. 중소 도시 사람들은 낯선 동양 사람들의 모습에 호감을 가지면서도 경계의 눈초리가 역력했다. 그래서 제품을 팔기에 앞서 그들의 마음을 움직이기 위해 트럭에서 음악을 틀어 놓고 춤판을 벌였다. 인도 사람들은 음악과 춤을 좋아하기 때문에 곧바로 반응이 왔다. 때로는 노래자랑도 하면서 인도인들과 친밀함을 만들어갔다. 그들은 서서히 제품에 관심을 갖기 시작했다.

중소 도시뿐 아니라 오지 마을도 찾아갔다. 그곳은 아직 실제 구매할 수 있는 사람들이 적었지만 미래의 고객을 선점한다는 전략을 가지고 뛰어들었다. 그들에게도 역시 음악과 영화 상영 등을 통해 낯선 브랜드에 대한 인지도를 높이는 데 주력했다. 불모지를 개척한다는 심정으로 발로 뛰는 마케팅을 시작한지 6개월 만에 홍보의 성과가 나타나기 시작했다.

발품을 팔아야 현장의 소리를 듣는다

지난 10년간 나는 인도의 100개 이상 도시를 방문했다. 매주 수, 목, 금요일은 지방으로 출장을 갔다. 인도의 먼 시골은 비행기가 없어 야간열차를 타고 밤새도록 가야 했다. 그런 시골에 가면 큰 회사의 최고 책임자가 오는 것은 처음이라는 말을 자주 들었다. 출장을 가면 현장의 영업소와 대리점을 방문해 회의를 하고, 기자 회견을 했다. 특히 이전에 안 가 본 지역이나 판매가 부진한 지역을 골라서 방문했다. 가는 곳마다 고객의 독특한 요구사항과 우리의 문제점을 볼 수 있었다. 또한 본부에 앉아 결정할 때의 생각과 지역 고객의 입장에서 바라본 평가는 매우 다르다는 점을 발견했다.

직접 발로 뛰어다니면서 인도 소비자의 독특한 기호가 있음을 알게 되었다. 처음에는 잘 몰랐으나 장사를 하면서 알게 되었다. 북쪽 지방은 검은색을 좋아하고, 남쪽은 은색을 좋아한다. 소리에 대한 선호도 달랐다. 남쪽 지방 사람들은 저음인 베이스를 좋아했다. 그래서 음향 제품의 저음을 더 낮춰야 한다고 말했다. 지역별로 기후도 달랐고, 전기 사정도 좋지 않았다. 또 해변 지역은 습기가 많아 에어컨 뒷부분이 쉽게 녹이 슨다는 사실도 발견해 지역적 특성에 맞게 제품을 개발했다. 이 모든 것이 발로 뛰는 마케팅에서 얻을 수 있었던 생생한 정보였다.

같은 사실이라도 보고를 받는 것과 내가 직접 듣고 느끼는 것은 엄청나게 다르다. 고객과의 대화도 전자 메일로 하는 것과 전화로 하는 것이 다르고, 또 직접 만나서 이야기하는 것과 함께 저녁을 먹으면서 술 한 잔 나누며 이야기하는 것도 다르다.

이런 실제 만남에서 시골 고객이 제기한 문제점은 본사에서 논의가 되었다. 내 방문 경험으로 다시 한 번 그 고객의 사정을 그 사람의 입장에서 검토하도록 지시하는 경우도 많았다.

경영은 인간적인 고려가 없는 메마른 숫자놀음으로는 성공할 수 없다. 발로 뛴 마케팅 결과로 인도 전역 40개 지사와 70여 개의 영업소, 소규모 지사까지 합치면 186개 영업망을 구축했다. 그리고 유통망은 1만 6500곳에 달했다. 이 수치는 인도의 토종 전자기업보다도 더 많은 네트워크를 갖고 있다는 것을 말해준다.

이 40개 지사는 각각 독립회사처럼 재고, 영업, 수금, 회계 서비스 등 모든 행위를 별개로 한다. 인도는 각 주마다 세법이 달라 각 지사는 별도의 재고, 별도의 영업, 별도의 세금을 납부하는 법인과 같다. 영업소는 영업의 기능만 한다. 9개 지사에서 출발하여 불과 5~6년 만에 이런 판매망을 갖게 된 것은 발로 뛰는 마케팅이 만든 강력한 성공의 결과다.

Credo 24
거꾸로 가는 마케팅을 시도하라

일등주의 마케팅

회사는 시장에서 일등을 목표로 해야 살아남을 수 있다. 즉, '일등주의 마케팅(Number One Marketing)'이 요구된다. 이런 높은 목표를 갖고 있는 조직과 그렇지 않은 조직은 생각과 행동, 철학 모든 것이 다를 수밖에 없다.

일등이라는 것은 모든 것이 일등이라는 이야기다. 우선 시장 점유율이 일등이어야 하고, 이익이 일등이어야 하고, 직원 만족도 일등, 소비자 만족도 일등, 회사의 사회공헌도 일등이어야 한다는 것이다. 일등이라는 목표가 있어야 혁신도 계속 필요하다.

기업이나 조직, 그리고 개인은 모두 일등하고 성공하기를 희망한다. 그러나 모두가 일등할 수는 없다. 그렇다면 어떤 기업, 어떤 제품이 성공할 수 있을 것인가? 동일한 조건이나 환경 속에서도 남과 다른 그 무엇을 만들어 내지 않고서는 경쟁에서 이길 수 없다. 남과 달라야 이길 수 있다. 남들이 하지 않는 개발, 남들이 하지 않는 마케팅 전략을 펼쳐야 한다. 이른바 '차별화 전략'이 필요한 것이다. 마케팅은 차별화다. 차별화를 만드는 것이 마케팅인 것이다. 최선의 마케팅보다 색다른 마케팅이 살아남는다.

오늘의 너를 죽여야 내일이 있다

남들과 차별화된 새로운 사고와 제품, 새로운 경영, 새로운 판매 아이디어를 위해 즐겨 쓰는 말이 있다.

'내일 살아남고 싶다면, 오늘의 너를 죽여야 한다(If you have to live tomorrow, you have to kill yourself today).'

이렇게 표현한 것은 차별화가 결코 자동적으로 이뤄지는 것이 아니고 끊임없이 자기를 죽이고 새롭게 태어나듯 변화해야 하기 때문이다. 이런 내 모습을 보고 인도 간부들이 한국의 유력 신문과의 인터뷰에서 다음과 같이 평한 것을 읽은 일이 있다.

"그는 경영 스타일을 계속 바꿔왔다."

"김 사장은 만들고 부수기를 반복했다."

"그는 무엇 하나를 새로 만들고, 그것이 시간이 지나면서 성숙기에 접어들어 더 이상 발전하지 않으면 부숴버린다. 경영학 책에 '만들기와 부수기(Making & Breaking)'라는 말이 나오는데, 김 사장은 그것을 실천해 왔다."

이것은 자화자찬을 위한 인용이 아니다. 성공 요인 중의 하나가 바로 남과 다른 차별화에 있다는 점을 강조하기 위해서다.

몇 가지 실제 경험을 나누고 싶다. 인도 IT 산업에서는 대부분의 회사가 전국적 도매상을 한두 군데 사용하는 것이 통례이다. 그런데 우리는 경쟁사와 달리 240여 명의 지역별 도매상을 이용했다. 공급 방식부터 확실하게 차별화한 것이다.

또 이런 경험이 있다. 처음 인도에 왔을 때 가전 대리점들을 돌아보니 에어컨을 취급하지 않고 있었다. 가전 대리점과 에어컨 대리점이 달랐기 때문이다. 가전제품인 텔레비전은 가게에서 직접 소비자에게 팔면 되는데, 에어컨은 직원이 집이나 사무실 벽에 구멍도 뚫어 직접 설치를 해야 했기 때문이다. 그러나 나는 우리 회사는 달라야 한다고 생각했다. 그래서 인도에서 처음으로 가전제품과 에어컨 소매상을 통합했다.

다른 예를 들어 보자. 인도에서 짧은 기간에 텔레비전 판매 1위를 차지한 것도 '남과 달라야 한다'라는 차별화 전략의 성공 때문이었다. 우리는 인도인의 취향과 문화에 맞는 차별화된 텔레비전을 만들어야 한다고 판단했다. 당시 일본 회사들은 일본에서 만든 제품을 그대로 가져와 인도인에게 팔았다. 그러나 우리는 후발 업체로서 무엇인가 달라야 했다. 그런 고민 끝에 발견한 사실이 인도는 다언어 국가라는 사실이었다. 이것을 텔레비전에 적용하기로 했다. 그래서 인도 최초로 10개 지방 언어로 텔레비전을 볼 수 있는 다언어 기능 텔레비전을 개발했다.

그뿐만이 아니다. 인도인들이 가장 즐겨 하는 크리켓 게임 기능 내장 텔레비전을 개발했다. 이것 또한 인도인 남녀 모두 크리켓 게임을 좋아한다는 점에 착안한 차별화된 제품이었다. 이런 제품의 차별화 전략은 다른 회사의 제품과 다르지 않고는 후발주자로서 성공할 수 없다는 신념의 성과였다. 반응은 예상대로 폭발적이었다. 판매율이 30~40% 급상승했다. 그리고 텔레비전 판매율의 수직 상승은 다른 가전제품 판매에도 긍정적인 영향을 미쳤다.

차별화 정책은 여기서 멈추지 않았다. 우리는 가격 차별화도 시도했다. 당시 많은 경쟁 업체들이 제 살을 깎아 먹는 가격 인하 정책을 유지하고 있었다. 그러나 우리는 이것과 반대로 고가의 정책을 고수했다. 우선 같은 저가 제품일지라도 여러 회사 제품 중에서 최고의 가격을 유지했다. 동시에 인도에서 급부상하고 있는 중산층의 소비자를 겨냥해서 고가 제품 전략을 시도

했다. 이런 기격 차별화 전략 또한 좋은 결과를 가져왔다.

이렇게 우리 회사의 제품이 인기를 누리자 기존 업체들이 우리와 거래하려는 구매상들에게는 물건을 안 주는 전략을 세울 정도로 견제가 심했다. 그러나 이러한 견제도 차별화된 제품 개발과 서비스로 정면 돌파해서 극복할 수 있었다. 한 번 성공했다고 해서 거기에 안주해서는 안 되고, 허리를 졸라매고 끊임없이 차별화 전략을 통해 개선해 나가야 한다.

권유 없이는 판매도 없다

마케팅의 목표는 상품을 판매하는 것이다. 그러므로 상품이 시장에서 판매될 수 있도록 공격적인 마케팅을 전개해야 한다. 하지만 그 시장에서 몇 십 년, 몇 년 먼저 자리잡은 경쟁자를 무엇으로 이길 수 있겠는가? 그 경쟁자보다 몇 배 더 적극적이고 공격적이 되지 않으면 절대 성공하지 못한다. 그 경쟁자보다 더 많은 시행착오를 각오해야 하는 것이다. 적극적인 사람, 공격적인 사람이 이긴다. 시장에서도 적극적이고 공격적인 마케팅이 이긴다. 그런 여정에서 끊임없는 시행착오를 통해 발전해 나간다.

인도의 대리점은 한 가지 브랜드가 아닌 복수 브랜드를 취급한다. 그래서 자기 회사의 상품을 대리점에서 중요한 위치에 전시되기를 바라는 각 회사의 경쟁이 치열하다. 쉽게 말하면 좋은 자리에 제대로 갖다 놓아야 고객에게 팔리는 것이다. 또 역설적으로, 재고가 많아야 한다. 그래야 대리점 주인이 그 물건을 처분하려는 노력도 많이 하게 되는 것이다.

‘권유 없이는 판매도 없다’는 말을 명심해야 한다. 우리가 차지하지 않으면 바로 그 순간 그 몫이 경쟁사로 간다. 물론 장기적으로 볼 때 안 팔리는 물건을 고객에게 무리하게 권유하면 가격이 내려간다. 그런 경우 판매 대금 회수가 문제 되고 다음에는 그 물건을 다시는 가져가지 않는 악순환이 있을 수 있다. 그래서 단순히 물건을 대리점에 갖다 놓는 마케팅뿐 아니라 동시에 고객을 끄는 마케팅이 필요하다. ‘공격적(Push)’ 마케팅이 영업 실적을 위해 불가피한 것이라면, 고객을 ‘끄는(Pull)’ 마케팅 또한 고객의 관심과 충성을 끄집어내는 필요 조건이다. 이런 의미에서 ‘밀고 당기는 마케팅’의 조화가 요구된다.

‘거꾸로 가는 마케팅(C-Way Marketing)’을 시도하라

때로 일반 상식과 반대되는 이론이 필요하다. 이런 마케팅을 경쟁자와는 다른 길을 간다는 뜻에서 ‘C-Way Marketing’이라고 명명했다. 다른 사람들이 A나 B-Way로 갈 때, 우리는 C-Way로 가야 살아남는 것이다. 경쟁자와 같은 길을 가서는 그 경쟁자를 이길 수 없다. 경쟁자를 이기기 위해서는 그와 다른 길을 가야 한다.

예를 들어 많은 회사가 판매를 극대화하기 위해 '소수의 큰 거래선'을 원한다. 관리가 쉽기 때문이다. 그러나 나는 '다수의 작은 거래선'을 선택했다. 다수의 작은 거래선이 관리하기는 어렵지만 거래선이 많아 전국 방방곡곡에서 더 많은 고객과 접촉할 수 있기 때문이다. 또한 직접 접촉으로 고객의 목소리를 훨씬 빨리, 정확하게 알 수 있다. 실제로 마케팅 전략을 일사분란하게 적용하기 위해서는 작은 딜러, 작은 거래선을 지방 곳곳에 많이 확보하는 것이 최선의 방법이다. 이를 위해서는 지사 등 영업망이 많아야 하는 것이다.

앞에서 언급한 대로 에어컨을 일반 가전 소매상에서 텔레비전과 함께 판 것도 '거꾸로 가는 마케팅' 전략의 성공적인 사례다. 인도에서 전통적으로 에어컨은 에어컨 전문점에서 판매하고 설치하는 특수한 제품으로 간주하는 고정관념을 깬 것이다. 에어컨과 냉장고가 다르지 않은 가전제품이라는 생각으로 일반 가전 소매상에서 판매했더니 단숨에 일등을 했다. 상대방의 허를 찌르는 'C-Way 마케팅'의 성공이었다.

숫자는 인격이다 (Number Marketing)

마케팅과 판매 부서에 일하는 직원에게 결정의 재량권을 주고 창의적인 영업 활동을 하도록 하는 것이 중요하다. 그래야만 시장에서 고객의 요구를 제때에 맞출 수 있다. 이때 중요한 것은 분명한 목표가 있어야 하고, 그것이 숫자로 표시되고 관리되어야 한다는 점이다. 숫자는 목표를 명료하게 하고 판단을 신속하게 한다. 그러나 다시 한번 강조하지만 여기서 말하는 숫자는 단순히 판매의 양만이 아니라 질적인 목표도 포함한다. 목표의 양과 질을 숫자로 표시할 때 건전하고도 효과적인 영업 활동이 가능하다.

이것을 위해서 나는 규칙을 지키는 기율 또는 기강을 중요시한다. 건전한 영업을 위한 규칙을 스스로 지키게 하는 기업의 문화, 이것이 바로 성공의 열쇠라고 생각하기 때문이다.

나는 매우 기강이 센 회사 문화를 만들었다. 만약 회사가 A라고 할 때 직원들도 'A다'라고 하고 따라오면 기강이 있는 것이다. 그런데 그것을 비웃고 따라오지 않는다면 기강이 없는 것이다.

나는 매월 두 번 영업 실적을 평가했다. 15일에 실적 마감을 한 번 더 하는 것이다. 전 세계에 그렇게 하는 회사는 없을 것이다. 그러나 우리는 월말에 결산 업무가 밀리는 것을 막기 위해 중간에 한 번 더 결산했다. 한번은 결산하는 날이 토요일이었는데 직원들이 실적을 올리려고 늦게까지 야근을 했다. 마치 한 달치 마감을 하는 것처럼 진지하게 받아들인 것이다. 조직에 기강에 있었기 때문에 가능한 일이었다.

결과 중심의 경영을 위해서는 일하는 과정에 되도록 더 많은 자유, 재량권을 주지만 엄격한 규칙 준수를 통해서 건전한 영업을 영위해야 지속적인 성장을 할 수 있다. 매월 영업 회의에서 40개 지사의 실적 순서가 발표되고 질적인 문제가 있는 지사는 별도로 관리하였다. 마치 대학 입시생 같은 긴장감과 내부 경쟁이 조성되었고 조직이 강해졌다. 자유와 목표를 위한 긴장감의 조화가 성공적인 마케팅의 열쇠인 것이다.

Credo 25
마케팅은 새로운 용어와의 싸움이다

마케팅은 새롭고 독특한 개념을 발굴해내고, 적절한 말을 골라 그 의미를 명확히 표현하는 것이다. 그리고 그 용어를 적재적소에 잘 활용하는 것이 중요하다. 예를 들어 상품명이 얼마나 중요한가! 그리고 제품의 특징과 장점을 소비자에게 호소력 있게, 인상적이면서 독특한 용어로 표시하는 것은 또 얼마나 중요한가!

나는 항상 '마케팅은 새로운 용어와의 싸움이다'라는 말을 강조한다. 마케팅을 담당하는 인도 직원이 별 특색이 없는 제품에 독특한 특징과 장점(Unique Selling Point)을 만들어 소비자에게 인기있는 제품으로 만들어 잘 판매하는 것을 보고, 그들의 상상력과 창조력에 감탄하곤 했다.

특징과 장점을 만든다는 것이 무엇인가? 그것은 우리 제품이 다른 회사와 다르다는 것을 표현하는 것이다. 그것은 상품 기획에서부터 출발할 수도 있고 이미 출시된 제품에서 남다른 점을 찾아내는 경우도 많다.

중요한 것은 그 남다른 점을 표현하는 용어다. 그래서 결국 특징과 장점은 독특한 용어로 귀착되는 것이다. 예를 들어 한 제품의 세 가지 기능을 묶어 '컴퓨 스리(Compu 3)'라고 새로운 용어를 만들면, 그 제품은 남들에게 없는 '컴퓨 스리'라는 특징과 장점을 갖게 되는 것이다.

해외법인의 경우 한국 본사의 설계를 약간 수정해서 쓰는 경우가 많다. 그러다 보니 독자적으로 현지에 맞는 특징과 장점을 기획 단계부터 반영하기란 쉬운 일이 아니다. 원래부터 있는 기능을 몇 개 종합해서 독특한 용어로 표시하고, 그 여러 용어들을 집합해서 더 큰 콘셉트를 만드는 것이 바로 마케팅이다. 마케팅은 독특한 용어 또는 개념을 누가 잘 만드는가에 그 성공 여부가 달려 있다.

이런 콘셉트 마케팅 철학을 바탕으로 우리가 생산하는 모든 제품의 주 콘셉트를 잡기로 했다. 여러 가지 특징과 장점을 포괄하는 상위개념 또는 대표적인 개념이 무엇이 될 수 있는가를 논의한 결과, '건강'이라는 콘셉트를 결정하게 되었다. 이 결정에 따라 모든 제품이 광고의 주제를 건강에 초점을 맞추는 '건강 마케팅'을 전개해 나갔다. 그리고 건강 콘셉트에 맞게 제품을 특성화하는 동시에 일관되고 꾸준하게 홍보한 결과, 소비자의 좋은 반응을 얻는 데 성공했다.

예를 들어 텔레비전의 경우도 눈의 건강을 해치지 않는 기능을 갖고 있는 '골든 아이(Golden Eye)'라는 특수한 부품을 개발하여 크게 성공했다. 이는 인도 텔레비전 영업 역사에서 가장 성공한 특징과 장점의 개발이라고 생각한다.

냉장고의 경우 영양을 보존하는 기능(Preserved Nutrition System)이 있다는 개념을 개발하여 경쟁사 상품과 차별하였다. 이 'PN System'은 우리 냉장고가 갖고 있는 건강과 관련된 세 가지 기능을 묶어 독특한 시스템으로 이름 지은 것이다. 누구도 갖고 있지 않은 우리들만의 독특한 개념이었다.

이런 독특한 개념의 개발로 소비자에게 우리 제품이 경쟁사와 다르다는 것을 인식시키는 데 성공했고, 이것은 곧 판매 상승으로 이어져 모든 부문에서 일등을 할 수 있었다.

마케팅은 결과로 말한다

마케팅의 성공과 실패는 결과로 드러난다(Result Oriented Marketing). 그래서 결과에 대해 변명하지 않는 조직을 만들어야 한다. 세일즈맨들이 목표 달성을 못 하는 이유를 따지다 보면 아마 천 가지도 넘을 것이다. 특히 말 많다는 인도 세일즈맨의 경우 책임지지 않거나 끊임없이 변명하는 문화가 있기 때문에 더욱 어려움을 겪는다. 이런 문제를 극복하기 위해서는 책임지는 조직 문화로 바꿔야 한다.

책임지는 조직 문화를 위해서는 앞서 언급한 대로 권한 위임을 통해 조직 스스로 많은 것을 결정하게 해야 한다. 스스로 결정하게 하면 더 이상 남에게 핑계를 대지 못한다. 그러나 이것만으로 충분하지 않다. 동시에 기업과 조직에서 용서하는 문화를 만들어야 한다. 이율배반적인 것 같지만 용서하는 문화가 없으면 책임지는 문화도 절대 생기지 않는다.

세일즈맨이란 단순히 물건 파는 사람이 아니라 돈을 제때 갚을 수 있는 사람과 그렇지 않은 사람을 구별할 줄 아는 사람이다. 물건을 파는 것은 누구나 할 수 있는 일이다. 그러나 진정한 세일즈맨은 돈을 제대로 갚을 수 있는 사람을 구별해서 그 사람과 장기적으로 탈없이 거래해야 한다. 또한 시장 구조, 시장 상황, 그리고 거래선의 성향 등을 제대로 분석할 줄 알아야 수금도 잘할 수 있다.

대금회수는 판매의 완성이다. 내가 회사를 경영할 때 우리 회사는 인도에서 같은 산업군에서 대금 회수가 가장 빠르고 우수했다. 보통 30일 외상을 주는데 평균 회수일은 17일, 70%가 10일 이내였다. 많은 업체가 다른 회사의 제품을 팔아 우리 제품을 현금으로 사는 것이다. 다른 회사들은 회수일이 60일 이상이 많은데 우리가 이렇게 양호했던 것은 우리 제품이 없으면 장사가 안 되는 것도 있었지만 남다른 판매 관리의 규칙과 규율 준수에 있다고 생각한다.

지방 영업이 더 중요하다

인도의 경우 전 인구의 70%가 지방에 있고, 나머지 30% 가량이 도시에 거주하는데, 상품 구매력은 거꾸로 지방이 30%, 도시가 70%다. 이렇게 생각하면 지방과 도시의 중요도는 50대 50 정도이지만 모든 회사가 도시에 있고 직원도 도시에 많이 살기 때문에 판매나 마케팅은 도시에 편중된다. 또 인도의 시골은 접근도 용이하지 않고 환경도 도시보다 열악하기 때문에 대부분 방문하기를 꺼려한다.

그러나 나는 남들이 가기 싫어하는 곳을 열심히 찾아다니는 것이 바로 차별화라고 믿었다. 그래서 그 깊은 오지에 지사를 만들고 영업소를 개설했다. 도시는 경쟁이 치열해서 이익이 적다. 그러나 시골은 상대적으로 많은 노력이 필요하지만 도시보다 경쟁이 적기 때문에 이익이 더 많다. 똑같은 논리로 살기 좋은 선진국보다 살기 어려운 후진국이 장사할 기회가 더 많다.

회사 설립 초기에 이런 깊은 시골에 영업소를 만들고자 제안했더니 환경이 열악하여 직원이 살기 어렵다고들 말했다. 어떤 곳은 정치적인 긴장 관계와 게릴라 활동 때문에 안전에 문제가 된다며 반대했다. 그러나 그런 열악하고 위험한 영업소를 개설하고 방문해 보니 생각보다 위험하지 않았다. 인도 직원이 거짓을 이야기한 것이 아니라, 인도인은 한국인과 달리 위험과 안전에 훨씬 더 민감하기 때문이다. 우리는 남자의 경우 대부분 군대도 다녀오고 유달리 전투 의식이 강하다. 웬만한 어려움은 대수롭지 않게 여기는 경향이 있다.

대중 마케팅을 기반으로 하라

고급 마케팅 전략과 대중 마케팅 전략 중 양자택일하는 것은 불가능하다. 어떤 제품이 고급이냐 아니냐 혹은 어떤 모델이 고급이냐 아니냐는 국가별로 다르다. 그리고 고급 제품이 반드시 이익이 많다는 의견에도 다양한 이견들이 있다. 그러나 수익을 위해 미래 지향적이고 고급인 제품을 많이 팔아야 한다는 의견에는 이견이 있을 수 없다.

많은 사람들이 원하는 대중적 모델을 시장 가격에 맞춰 많이 팔아 이익을 내는 전략 또한 틀렸다고 할 수 없을 것이다. 그래서 고급 마케팅이 대중 마케팅보다 더 바람직하다든가 더 값진 마케팅이라고 판단하는 것은 잘못된 생각이다.

예를 들어 보자. 항공사에서 일반석과 특별석으로 차별화된 마케팅을 하는 것은 좋지만, 일반석은 없애면서 이것을 고급 마케팅이라고 생각한다면 큰 잘못을 범하는 것이다. 얼마 전 일반석 없이 특별석만 있는 항공사가 결국 손실을 극복하지 못하고 망했다는 기사를 보았다.

우리가 반드시 기억할 것은 대중적인 제품 없이는 고급 제품도 없다는 것이다. 가격은 저렴하지만 수량이 많은 대중적인 제품이 있기 때문에, 수량은 적지만 비싼 고급 제품이 경쟁력을 갖추고 대중적인 제품과 차별화되는 것이다. 결론적으로 말하면 고급 제품에서도 일등을 하고 대중 제품에서도 일등을 해야 진정한 일등이 되는 것이다.

고급을 많이 팔 것이냐 대중적인 제품을 많이 팔 것이냐는 양자택일의 문제가 아니다. 두 제품 모두 시장에서 가장 경쟁력이 있고 가장 많이 파는 회사가 일등 마케팅을 하는 일등회사가 된다.

저명한 미국의 마케팅 학자가 "World Best나 World First가 중요한 것이 아니라 World Most가 중요하다"고 한 이야기를 깊이 생각해 볼 필요가 있다.

장사는 역학 관계다

일반적으로 힘이 강한 자가 좋은 조건으로 물건을 판매하고 시장을 장악한다. 이때 힘은 무엇을 의미하는가? 힘이란 바로 브랜드의 힘, 상품이 지닌 힘, 인간관계의 힘, 제품이 차지하는 시장 내에서의 독특한 위치 등의 힘으로 이해할 수 있다. 중요한 것은 자기 나름대로의 힘을 찾아내서 활용하고 키우는 것이다.

브랜드도 별로 알아주는 것이 아니고, 그렇다고 특별한 사양이 있는 것이 아닌 제품도 시장에서의 역학관계를 잘 이용하면 그에 맞는 거래선을 찾아 성장할 수 있다. 예를 들어 시장에서 항상 2등만 하는 거래선에게 아무도 주지 않는 그 지역 독점권을 주면, 그 2등 거래선은 남다른 노력으로 부족한 브랜드를 판촉해서 그 지역에서 성공하는 경우도 많이 볼 수 있다.

뭄바이(Mumbai)는 인도에서 가장 경쟁이 치열한 항구 도시인데, 모든 브랜드가 이곳에 집중하기 때문에 판촉 비용이 엄청나게 지출된다. 그래서 나는 뭄바이에서는 2등도 좋다는 전략으로 투자의 효율성을 고려했다. 인도에서 가장 큰 거래선이 뭄바이에 있었는데 아주 높은 판촉비 지원을 요청했다. 많은 다른 회사들은 어쩔 수 없이 이를 수용하고 거래를 했지만 우리 회사는 절대 그들의 요구를 들어주지 않았다.

이런 판매 전략을 펼치려면 그들에게 의존하지 않아도 될 수 있도록 또 다른 판매처를 갖고 있어야 한다. 바로 그들의 경쟁자를 공격적으로 지원하는 것이다. 이렇게 하니 가장 큰 거래선은 우리가 자신의 경쟁회사로 가는 것을 막기 위해서 타협할 수밖에 없었다.

장기적인 기 싸움에서 이기려면 단기적으로 손해를 보더라도 원칙을 고수하고 기다려야 한다. 또 그러려면 버틸 수 있는 힘이 있어야 한다. 거래선의 다변화가 필요한 이유가 여기 있다.

우리 회사는 인도 북부 편잡(Punjab) 지방의 루디아나(Ludhiana)에 있는 아주 오래되고 제일 큰 도매상과 거래해왔다. 나는 그 도매상의 아버지와도 친분이 있었다. 이 도매상은 오랫동안 이 근방의 독점 거래선으로 보호받아 왔는데, 우리가 인근에 있는 잘란다르(Jalandhar)라는 도시에 지사를 세우면서 이 도매상의 구역을 축소하는 문제가 생겼다. 결국 이 거래선은 경쟁사로 넘어갔다.

우리가 구역을 양분하는 정책을 고수하여 두 지사가 나누어 관할하도록 한 이유는 한 거래선이 너무 커지는 것을 방지하려는 전략 때문이다. 작은 거래선은 키워주고 큰 거래선은 견제해야 한다. 이것 또한 힘의 역학 관계를 고려한 마케팅 전략의 하나이다.

장사는 좋은 의미에서 역학 관계의 윗자리를 차지해야 하는 것이다. 그런데 오랫동안 거래하다 보면 아무리 좋은 거래선이라도 서로 분쟁이 생기게 마련이다. 사소한 분쟁은 주로 연말에 해결하는데, 분쟁이 많은 경우 연중에 타협하고 해결해 준다. 분쟁의 대다수는 지사장이 바뀌었을 때 대리점에 이전 지사장이 지원해 주기로 한 약속을 지키라는 것이다. 이럴 경우 주로 증빙 서류가 없어서 분쟁이 되는 것이다. 우리는 시간을 두고 논쟁을 벌이다가 연말에 그 동안의 거래 상황을 보고 되도록 해결해 주었다. 그동안 벌어진 일의 진실은 누구도 모르는 것이다. 그러나 이를 핑계로 현재까지 거래한 대금을 지급하지 않는 경우는 법률적 방법을 동원해서라도 꼭 받아냈다. 이런 철저한 원칙 고수로 시장에서 우리 회사 돈은 절대 떼어먹을 수 없다는 분위기가 형성됐다.

인도의 소송은 정상적으로 수행하면 시간이 엄청나게 걸린다. 그뿐만 아니라 상대방이 모든 로비를 동원하기 때문에 소송은 결국 법과 로비의 싸움으로 번진다. 다행스럽게 10년 동안 수금에 관련된 소송에서 대부분 이겼고 이는 사전에 거래담보용 수표를 받아 놓았기 때문에 가능했다. 또한 조직 내에 구축한 법제팀과 퇴역 군인 출신 총무팀 등의 강력한 팀워크, 그리고 브랜드의 힘 덕분이다.

그러나 나는 이렇게 소송에서 이기고 모든 수금이 끝난 후, 패소한 이들의 요구를 많이 들어줬다. 나는 그들이 그렇게 할 수밖에 없었던 어려운 사정을 이해하려고 노력했다. 업계에서 정말 힘 있는 자가 되려면 아량을 베풀어야 하는 것이다. 이긴 자만이 아량을 베풀 수 있지만 말이다.

Credo 26
브랜드에 대한 소비자 인지도를 높여라

상품의 브랜드 가치는 소비자가 그 브랜드를 어떻게 생각하느냐에 달려 있다. 품질도 실제 품질과 소비자가 생각하는 품질 사이에 차이가 있을 수 있다. 그렇기 때문에 소비자들이 브랜드를 어떻게 인식하고 있느냐가 매우 중요하다. 제품에 대한 좋은 인식은 판매의 첩경이다. 어떻게 하면 소비자들에게 좋은 인식을 줄 수 있을까?

첫째, 시장에서 일등을 하는 것이다. 일등이 중요한 이유는 항상 신문, 잡지, 텔레비전에서 주목을 받게 되고, 그렇게 되면 돈을 안 들여도 엄청난 홍보의 기회가 자동적으로 주어지기 때문이다. 혹자는 판매에서 2등을 하더라도 더 좋은 가격으로 더 많은 이익을 추구하고 상위 브랜드로서 고고한 지위를 누리는 것이 더 좋은 마케팅이 아니냐는 생각을 하는 사람도 있다. 그러나 현실은 그렇지 않다. 만약 2등을 목표로 하면 결국 3등, 4등으로 전락하기 쉽고 마침내 시장에서 퇴출된다. 인도 내 소니의 보잘 것 없는 브랜드의 위치를 보면 쉽게 알 수 있다. 소극적인 사고방식과 영업 전략으로 가면 결국 시장에서 퇴출될 수밖에 없다.

어떤 분야에서든 일등을 목표로 해야 한다. 나는 상품을 팔면서 비싼 모델이든 대중적인 모델이든 모두 일등을 하려고 노력했다. 결국 이런 종합적인 일등이 인도에서 소니보다 훨씬 높은 브랜드 선호도를 유지할 수 있었던 비결이었다.

둘째, 브랜드의 좋은 인식을 위해서 인심을 잃지 않아야 한다. 소비자, 거래선, 그리고 공급자 등 우리와 거래하고 대하는 모든 사람에게 좋은 인상을 남기는 노력을 해야 한다. 지난 10년 간 정말 황당한 소비자의 불만과 요구도 결국에는 양보하고 들어주는 경우가 많았다. 거래선과의 관계도 되도록 큰 회사가 양보하는 방향으로 결론을 지어 우리에게 좋은 인상을 갖도록 마음을 다했다.

셋째, 직원을 가장 중요한 고객으로 생각해야 한다. 회사가 직원들을 귀하게 여길 때 회사 바깥에서도 다른 사람들이 그 직원을 귀하게 여기게 되고 그 회사 또한 소중하게 생각한다. 그리고 직원이 가장 훌륭한 홍보원임을 명심해야 한다. 그들이 자신의 친척이나 친구에게 자기 회사가 이런 점이 훌륭하다고 칭찬한다면 그 회사는 정말 훌륭한 회사다. 매년 우리 회사의 총각들이 결혼할 때 사회에서 평가하는 가치와 신분이 높아지는 것을 큰 보람으로 생각한다.

마지막으로 회사가 좋은 철학을 가져야 한다. 브랜드 이미지와 회사 이미지는 직접적으로 연결되어 있다. 그러므로 회사는 좋은 철학에 기초해 좋은 문화를 만들어야 한다. 한 기업을 중심으로 많은 직원, 협력회사, 거래선 등 정말 많은 사람들이 생의 보람을 추구해 나간다. 그 기업과 관계된 모든 사람이 즐겁고 행복한 삶을 살도록 기업이 존재하는 것이다.

세계 3대 도자기 업체인 영국의 웨지우드(Edgewood)의 창업자 후손은 명품이 되기 위해서는 '품질, 역사, 철학'이 있어야 한다고 말했다. 철학이 없는 회사는 좋은 문화, 진정한 명품을 만들 수 없다.

Credo 27
애프터서비스가 마케팅의 완성이다

판매가 지속되면서 애프터서비스 센터를 가동하기 시작했다. 우리가 세운 애프터서비스 전략에는 세 가지 원칙이 있었다. 우선 24시간 서비스를 제공한다는 것, 가정 방문을 원칙으로 한다는 것, 그리고 마지막으로 고장난 제품은 1시간 내 수리하는 것을 원칙으로 했다.

우리 회사는 매년 6백만 개 이상 제품을 판매했는데 이 수치는 5년 단위로 보면 2천만 명, 또는 가족까지 고려해 3천만 명이 우리 제품을 사용하고 있다는 가정을 할 수 있다. 그러다 보니 제품 사용 후 별난 문제, 별난 불만이 접수되었다. 인도인은 어떤 나라의 소비자보다 까다로워서 결코 쉽게 상대할 수 있는 소비자가 아니다. 그래서 더욱 더 애프터서비스가 중요한데, 여기에는 몇 가지 고려할 사항이 있다.

환경적인 문제까지 에프터서비스로 극복하라

첫째, 인도의 환경은 전자·전기 제품을 사용하기에 많은 장애 요소가 있었다. 인도의 많은 지역은 비가 우기 한두 달동안 몰아서 내리고, 나머지 기간은 몹시 건조하기 때문에 먼지가 한국보다 4~5배는 많다. 온도가 높은 아열대성 기후라 먼지가 많은 것이다. 거기에 비포장도로가 많기 때문에 길에서 먼지가 많이 생겼다. 바로 이 먼지가 전자·전기 제품에는 아주 치명적인 해를 끼쳤다.

이 먼지가 제품 속으로 들어가면 불행히도 부품은 좋은(?) 전도체가 된다. 즉 먼지가 합선을 일으켜 떨어져 있어야 할 두 부품이 먼지를 매개로 연결되면서 잘못 작동되고, 이때 스파크가 일어나면서 화재가 발생했다. 가전제품에는 인화성 부품이 많다. 제품만 전소되는 경우는 다행스러운 경우이고 안타깝게도 응접실이 전체가 전소되는 경우도 있다. 더욱 난감한 일은 화재가 난 이유가 꼭 제품 때문이라고 할 수 없는 경우도 많다는 점이다. 이럴 경우 결국 소비자와 타협하는 수밖에 없었다.

그 다음은 바닷가에 사는 소비자가 문제였다. 소금기 있는 습기는 특히 외부에 노출되는 가전제품에게 적이다. 인도처럼 해안선이 길고 삼면이 바다인 나라에서는 소금에 강한 제품을 만들어야 했다. 특히 에어컨의 경우 실외기가 바닷바람에 아주 쉽게 부식되어 저렴하면서도 쉽게 부식되지 않는 부품을 사용해서 만드는 것을 연구해야 했다.

둘째, 소비자가 잘못 사용하는 경우다. 인도에서는 간혹 냉장고를 담요로 덮어 놓는 경우가 있다. 냉장고의 열은 자연 통풍으로 발산되어야 하는데 이를 막으면 온도가 올라가 오작동이 될 수 있다. 또 가정용 제품을 상업용으로 과도하게 사용하면 문제가 생길 수 있다. 컴퓨터 모니터의 경우 어떤 특수한 실험실에서 동안 몇 달 동안 계속 24시간 사용하여 문제가 생긴 경우가 있었다. 이런 고객에게는 아무리 이유를 설명해도 사용법을 수용하지 않아 아예 사용설명서에 이를 명시하기로 한 적도 있다.

셋째, 인도는 도로 사정이 열악하고 트럭이나 창고 근로자가 거칠어서 운송 도중에 불량품이 매우 많이 발생한다. 외관 불량이 모든 불량의 1/3은 차지한다. 환적은 되도록 안 해야 하고, 거치는 곳이 많아서는 절대로 안 되었다. 이런 악조건 속에서 소비자에게 우리 제품이 제일 낫다는 말을 들어야 한다. 그러기 위해서 애프터서비스가 필수적이다. 애프터서비스가 일등이어야 진정한 일등이 된다. 그러나 애프터서비스는 비용도 많이 들고 시간도 많이 소비되며 전국적인 서비스망을 갖추고 관리를 잘해야 한다. 그러나 광대한 인도 시장에 이런 인프라를 갖추고 관리를 잘한다는 것은 쉬운 일이 아니었다. 그러나 반대로 생각하면 그렇게 모든 것이 쉽지 않은 나라였기에 누구나 노력하면 인도에 진입해 쉽게 성공할 수 없었고, 그것은 곧 나에게도 성공의 기회였다.

전화 모니터링의 중요성

애프터서비스의 중요한 역할을 담당한 것이 전화 모니터링이었다. 소비자 불만 접수는 각 지사에서 하고, 본부에서는 적은 인원이 전국 지사의 애프터서비스를 모니터링했다. 과연 어떤 지사, 어떤 서비스센터가 잘못하는지를 가려내어 인센티브를 차별하기도 하고, 벌금을 부과하기도 했다.

재미있는 것은 인도는 각 지방마다 언어가 달라 본부 모니터 요원도 지방 언어를 할 수 있는 요원을 확보해야 했다. 그리고 소비자가 아닌 거래선 또는 대리점과 접촉하여 서비스를 평가하는 등 철저한 관리 평가를 통해 어려운 서비스를 향상시키도록 노력했다.

서비스도 중요한 마케팅이며 이 서비스가 판매보다 훨씬 어려운 일이다. 서비스를 잘하는 회사는 관리력이 있다는 것을 의미한다. 관리력이야말로 제조 사업에서 가장 중요한 핵심 역량

이다. 어느 기술보다 어렵고 중요하기 때문이다. 인도에서의 성
공 요인 중의 하나는 남다른 관리력이었다.

LET'S
INNOVATE
ODAY, THE WORLD TOMO

양손으로 경영하라!

인터뷰를 통해 본 나의 경영 철학

나는 지금까지 경영자로서 수많은 질문을 받았으며, 그에 대한 답변을 할 때마다 나 스스로 경영 철학을 공고히 확립해 나갔다. 그 동안의 질문과 답변을 정리하는 것 또한 의미 있는 작업이 되리라고 생각한다.

질문 1
인도에서 성공한 이유가 무엇이라고 생각하는가?

많은 것을 이야기할 수 있으나 제일 먼저 간단명료하게 '품질(Quality)'이라고 대답한다. 이 말은 제품의 품질만을 의미하는 것이 아니다. 인재의 질(質), 영업의 질(質), 서비스의 질(質), 관리의 질(質)이 모두 중요한 요소로 작용하는 것이다. 만약 이런 다양한 영역에서 일등을 유지하지 못하면 시장에서 오래 살아남지 못한다. 품질에 실망하여 한 사람의 소비자가, 혹은 고객이 떠나면 10명의 또 다른 고객을 잃는 것을 의미한다.

그러면 최고의 품질을 유지하기 위해서 무엇을 했느냐, 무엇이 제일 중요한가? 이런 최고의 품질은 주인의식(Ownership)에서 나오고, 이 주인의식은 믿고 맡기는 권한 위임경영(Empowerment)에서 나온다. 책임과 권한의 위임이야말로 회사 직원들이 회사의 주인이 되게 하는 가장 중요한 길이다. 각 부서가, 각 관리자가 스스로 책임지고 결정하여 그 결과에 따라 보상과 벌을 받는 것이다. 주인의식을 발휘해 생산해 낸 품질은 무조건 시키는 대로 만들어진 품질과는 하늘과 땅 차이가 나게 마련이다.

질문 2
다루기 힘든 인도종업원을 잘 관리해서 성과를 낸 비결은 무엇인가?

이 질문은 특히 외국기자들이 많이 하는 질문이다. 한 번은 인도에 주재하는 포춘(Fortune) 기자가 위와 같은 질문을 했다. 옆에 인도 홍보 담당직원이 있는 데도 아랑곳하지 않고 직접적으로 물었다. 그 기자는 인도종업원들이 '일을 열심히 하지 않고, 또 거짓말 잘하고' 등등 인도인에 대한 전통적인 편견을 언급한 것이다. 이것이 사실일 수도 있고 하나의 편견일 수도 있다. 그러나 중요한 것은 이것이 편견이냐 아니면 사실이냐는 우리가 인도사람을 어떻게 대하느냐에 달려 있다는 점이다. 우리가 열린 마음으로 진실하게 인도 사람을 존경하면 상대방도 우리를 긍정적인 생각과 성실한 마음으로 대한다고 믿는다. 내가 상대방을 믿지 않고 의심하면서 그 상대방이 나를 믿고 최선을 다하기를 바라는 것은 어처구니없는 일 아닌가!.

사람은 누구나 5분만 이야기해 보면 즉시 상대방이 나를 어떻게 생각하는지 알게 된다. "이 사람이 지금 나를 무시하고 있구나" 혹은 "나를 싫어하는구나" 아니면 "나를 이용하려고 하는구나" 등등 즉시 알아차린다. 우리가 믿고 생각한 대로 상대방도 생각하고 행동하는 것임을 알 수 있다.

믿을 수 있을지 모르겠지만 인도에서 회사를 운영하면서 나는 직원들이나 사업관계자들을 한 번도 인도사람 혹은 인도종업원이라고 생각해 본 일이 없다. 왜 회사를 경영하면서 인도사람, 한국사람, 혹은 어떤 나라 사람 등 국적의 문제가 개입되야 되는

가? 국적이나 피부색이 중요한 것이 아니라 무엇이 가장 합리적인 것인가를 판단하고 실행에 옮기는 것이 가장 중요한 것이다.

무엇인가를 일반화하는 것처럼 멍청하고 잘못된 것은 없다. 요즘 철학에서도 플라톤의 보편적 진리라는 개념이 설 땅을 잃고 있지 않은가? 세계 어디서나 어떤 경우에도 통한다는 그 진리가 오히려 우리의 자유로운 생각을 속박하고 질식시킨다.

인도에서 10년, 그전에 중동의 두바이(Dubai)에서 3년, 그리고 중남미의 파나마(Panama)에서 6년을 인도상인과 거래하면서 한 번도 사기를 당해 본 일이 없고 진실한 거래관계와 진술한 인간관계로 그들을 존경해 왔다. 그러나 물론 위와 같은 이야기가 모든 사람에게 적용되는 것은 아니라고 생각한다. 즉 기대가 크면 실망이 클 수도 있다.

내가 남과 달리 왜 인도사람에 대해서 좋은 경험을 많이 가지고 있는가를 스스로 분석해 봤다. 결국 보통 사람들은 상대방에게 100점을 요구하고 그것 때문에 실망하는데 비해, 나는 70점이면 괜찮다고 생각한다. 많은 사람이 자기도 부족하면서 상대방에 대해서 많은 것을 요구하고 거기에 못 미치면 실망한다. 아예 처음부터 70점이라고 기대하니 그것에 대해 미리 대비하기도

하고, 더 나아진 모습을 보고 잘했다고 칭찬하니 그들이 더욱 분발하는 것이다.

또한, 내가 그렇게 인도사람에게 사기를 당하지 않고 좋은 감정을 갖고 있는 것은 나 자신이 되도록 많이 되돌아보고 준비했기 때문이라고 생각한다. 장사꾼이 돈 앞에 순진해서는 사기당하기 쉽다. 그런 사기는 당하지 않아야 한다. 그러기 위해서는 상대방이 믿을 만한 사람인지 구별할 수 있는 능력이 있어야 한다. 동시에 배반이나 사기를 당하지 않도록 철저하게 준비하고 허술하지 않게 행동해야 한다. 그리고 사람을 믿되 사람의 돈을 믿어서는 안 된다.

결론적으로 인도사람이라고 한마디로 다 어떻다고 생각하고 말하기보다는 좋은 사람, 서로의 관계 속에서 믿음 가는 사람으로 만들어 가는 것이 가장 바람직하다.

질문 3

30 ~ 40년 된 인도회사를 이기고 시장에서
빠른 시간 내에 선두를 차지한 이유는 무엇이라고
생각하는가?

이 질문은 특히 인도 신문이나 방송기자들이 많이 묻는 질

문이다. 그도 그럴 것이 인도 진입 후 4~5년 지난 후 부터 시장 1
위를 했으니 생각하기 따라서는 빠르다고 할 수 있을 것이다. 그
러나 지나온 나의 경영 여정에서 보면 절대 빠른 것만은 아니다.
나는 지난 30년 동안 세계 여러 곳에서 엄청난 투자 경험을 쌓은
후에 인도시장에 들어왔다. 그런 값비싼 경험이 자산이 되어 인
도에서 펼쳐진 결과, 시장에서 성공할 수 있었다. 인도 온 후에
하루아침에 이뤄진 것이 결코 아니다.

얼마나 많은 한국기업들이 지난 30년 동안 세계 여러 나라
에서 숱한 시행착오를 하면서 배웠는가? 우리는 공격적인 세계
화 전략 속에서 여러 실수를 해가면서 엄청나게 성장했다. 인도
는 1991년 비로소 개방경제로 세계화 대열에 참여했다. 지금까
지는 우리 나라가 앞서고 있으나 인도의 진취적 세계화 전략에
따라서는 30년 후에 선후가 바뀔 수도 있다고 생각한다.

질문 4

먼저 들어온 일본회사들이 실패하고
공장을 철수하고 시장에서 경쟁력을 잃은 이유는
무엇이라고 생각하는가?

일본기자들은 끊임없이 이 질문을 했다. 일본 NHK 텔레비

전, 니혼게자이 등 일본의 언론들 뿐만 아니라 인도주재 일본대
사조차도 점심 초대해서 꼭 듣고 싶어 하는 이야기가 바로 이 질문
의 답이었다. 나는 그들에게 "일본인들은 각오와 헌신(Commitment)
이 부족해서라고 생각한다."라고 대답했다.

일본 유수의 회사라면 기술도 있고 경험도 있고 돈도 있는
데 실전 전투의식이 부족한 것 같다. 우리가 일본에서 많은 것을
배웠는데 다만 전투의식 또는 각오는 한국이 결코 일본에 뒤지
지 않는다. 특히 일본주재원들은 생활하기 힘든 인도에 올 때 처
자식을 일본에 놔두고 홀로 부임하는 경우가 많다. 그래서 그들
은 언제 본국으로 돌아갈까 부터 생각한다. 그러나 한국주재원
들은 온 가족이 함께 인도에서 생활하고 있고, 인도에 더 있었으
면 좋겠다는 각오로 싸운다. 결과적으로 누가 이기겠는가?

기자들만 아니라 많은 일본가전 회사들이 일본본사에서 우
리와의 면담을 요청했다. 우리가 되도록이면 만나지 않으려고
했지만 우리 회사의 동경사무실을 이용해서 면담요청이 들어와
대담을 나눈 경우가 많다. 그들과 대화를 나눠보면 일본회사의
고민은 일본주재원이 인도에서 먹고 살기 어렵다는 것이다. 이
렇게 소극적인 생각을 갖고 있기 때문에 인도시장에 깊이 뿌리
를 못 내리고 쉬운 방법을 택하는 것이다. 즉 한번 인도에 들어

왔으면 무슨 수를 써서라도 성공해야겠다는 의지가 없고 그러니 전략도 없다. 인도시장은 쉬운 방법으로 이길 수 있는, 그렇게 호락호락한 나라가 결코 아니다.

질문 **5**

중국업체가 인도시장을 공략하려고 노력하는데, 이에 대해 어떻게 생각하는가?

중국 가전업체의 인도 진입 시도는 지난 10년 동안 두 번 있었으나 모두 실패했다. 2000년~2002년 사이에 여러 가전회사가 진입했다가 유명무실하게 실패하고 퇴장했다가 2006~2007년 다시 전열을 가다듬어 들어왔으나 아직까지는 고전하고 있다.

중국 회사들이 고전하고 있는 이유를 잘 분석해보면 한국회사가 왜 중국 내수시장에서 고전하고 있는지를 알 수 있게 되는데, 이것 또한 귀한 소득이다.

첫째, 인도시장을 쉽게 생각한다는 것이다

1970년대, 종합무역상사들을 위시해서 우리나라의 많은 회사가 별 준비 없이 각국의 시장 진출을 하면서 얼마나 많은 시행착오를 겪었는지 기억하고 있다. 2000년 이후 중국업체가 30년 전의 우리 과오를 그대로 범하고 있다. 현지 시장에 맞는 제품개발 및 품질보증, 판매망 확보, 그리고 강력한 경리 시스템 등을 포함한 관리 서비스망의 구축 등을 심각하게 준비하지 않고 인도시장에 진입하는 모습이다. 그러나 막상 중국업체에 물으면 자기 나름대로 심각하게 준비했다고 말할 것이다. 결국 문제는 관리수준의 차이다. 즉 자신들의 눈높이로 봐서는 철저하게 준비한다고 했지만 그 눈높이 자체가 시장과 차이가 있는 것이다.

두 번째, 심각한 관리 부족이다

많은 한국 언론들이 한국기술과 중국기술을 비교한다. 그런데 많은 경우 간과하는 것이 있다. 그것이 바로 제일 어렵다는 관리기술이다. 눈에 보이는 기술보다 눈에 보이지 기술이 더 어렵다. 즉 눈에 보이는 상품을 만드는 기술보다 눈에 보이지 않는 품질관리, 생산관리, 영업관리, 인사관리, 그리고 판매 후 품질관리인 서비스 등이 훨씬 어려운 것이다. 이런 관리기술들은 열심히 한다고 쉽게 터득되는 것도 아니다. 조직전체, 한 걸음 더 나아가 국민의 의식수준, 문화수준과 밀접한 관계가 있다. 전체적인 회사의 눈높이가 올라가야 실현 가능하다.

관리기술의 중요성을 말해주는 한 예가 있다. 우리 회사 판매 부서에 아주 공격적이고 훌륭한 인도인 책임자가 있었다. 그가 얼마 뒤 중국에서 1~2등 한다는 중국회사의 인도법인의 최고 판매책임자로 자리를 옮겼다. 그는 얼마 못 가서 퇴사하고 말았다. 그는 훌륭한 판매책임자였지만 훌륭한 관리자는 아니었기 때문이다. 그는 그 회사에서 판매는 잘했다. 그러나 판매대금의 회수 문제와 애프터서비스에 문제가 발생했고, 이것은 결국 판매부진으로 이어져 엄청난 재고가 쌓이게 되었다. 결국 그는 책임을 지고 회사를 떠나야 했다.

많은 사람들이 판매(Sales)가 중요하다고 한다. 그러나 강력한 영업 관리가 뒷받침되지 않은 판매는 의미가 없다. 그것은 물건을 나누어 주는 것에 불과한 것이다. 고아원이나 학교 등 사회공익기관에 기증하면 신문에라도 나서 좋은 회사라고 홍보라도 되지만 물건을 팔고 돈을 못 받으면 바보 소리밖에 못 듣는다.

세 번째, 판매 후 서비스의 수준이 심각하게 떨어진다.

판매보다 더 중요하고 광고보다 더 큰 홍보 효과를 가져오는 것이 애프터서비스다. 중국기업들은 이 서비스의 구축을 소홀히 한다. 이것도 중국회사 나름대로 준비를 했을 것이다. 그러나 고객요구에 크게 못미치는 수준의 형편없는 애프터서비스로는 대리점의 배척을 받는 것이다.

이런 서비스망 구축에는 시간이 많이 걸리기 마련이다. 그래서 천천히 지역을 넓혀가면서 판매량도 점차로 소화할 수 있는 능력에 맞게 늘려 나가야 하는 것이다. 그럼에도 불구하고 중국기업들은 무리한 판매망의 확장으로 인해 고객의 신뢰를 잃고 말았다.

네 번째, 단기적 전략에 급급하다.

적은 투자로 짧은 시간에 쉽게 좋은 결과를 얻으려고 해서는 절대 성공할 수 없다. 어느 시장을 진입할 때나 마찬가지로 사업은 중 · 장기적인 안목으로 꾸준한 투자와 노력이 필요한데, 중국 본사는 단기적인 성공만을 기대한다.

한 시장에서 성공은 여러 사람의 노력과 희생, 그리고 더불어 오랜 시간 시행착오를 통해 이루어지는 것이다. 시장은 살아 있는 생물과 같다. 그래서 수시로 변화한다. 다른 한편 시장의 경쟁은 마치 전쟁과 같다. 시장에서 지면 굶어 죽는다. 누군들 자신이 점령한 고지를 쉽게 내주겠는가? 남다른 전략으로 길게 보고 실력을 쌓아가면서 작더라도 하나씩 하나씩 튼튼하게 내성(城)을 구축해 나가야 살아남을 수 있다. 그 수많은 작은 성이

모여 어느 날 제일 강한 큰 성의 군주가 되는 것이다

중국시장에서 한국기업들이 제대로 성공하지 못하는 이유도 거의 유사하다고 생각한다. 한국회사가 중국시장에 깊이 뿌리를 내릴 수 있는 전략을 구사해야 한다. 중국 토착회사보다 더 뿌리를 깊게 내려야 거센 폭풍 속에서도 살아남을 수 있다.

언제나 안 되는 이유는 천 가지도 넘는다. 될 수 있는 이유를, 그리고 남다른 방법을 한 가지라도 찾아 작은 성이라도 튼튼하게 만들어야 발판이 되는 것 아니겠는가? 인도보다 세 배나 더 넓은 중국 어느 한 구석에도 우리의 작은 진지를 만들 수 없다는 이야기는 절대 있을 수 없는 것이다. 한 구석에서 일등할 수 있는 사람은 또 다른 구석에서도 일등할 수 있다고 확신한다. 중국 한 구석에 깊게 뿌리를 내리는 전략이 살 길이다. 이 대답은 중국의 인도 진출에도 그대로 적용된다고 생각한다.

질문 6

인도 진출을 위해서는 단독 또는 인도업체와의 합작 중 어느 것이 좋은가?

일반적으로는 단독으로 하는 것이 좋다. 백지 위에 새로운 그림을 그리는 것이 쉽지, 있는 그림을 고친다는 것은 상당한 어려움이 있는 것과 같다. 또는 선장이 한 명이어야 하지 두 명이 되면 어려운 것이다.

　자기가 잘 아는 사업, 오랫동안 해왔던 사업은 단독으로 하는 것이 옳다고 생각한다. 그러나 자본에 문제가 있다든지, 자기가 잘 모르는 사업은 어쩔 수 없이 합작을 해야 할 것이다.

　만약 인도회사와 합작을 할 경우 상대를 잘 골라야 한다. 가능하면 외국기업과 합작을 잘 하고 있는 업체를 선택하는 것도 방법 중의 하나다. 그리고 일단 합작을 하는 경우는 현지업체와 역할을 분명히 나눠 최소한의 관여가 되야 합작이 성공한다. 많은 경우 잘 해보겠다는 욕심으로 지나친 지원을 한다. 그러나 지나친 지원은 결과적으로 지나친 간섭이 되어 불화가 생기고 갈등이 커져 실패하기가 쉽다.

　합작의 성공 비결은 상대방의 의사를 존중하는 것이다. 부족하고 못마땅하더라도 인내심이 필요하다. 이런 정신은 단독법인의 경우도 마찬가지이다. 인도의 단독법인도 사실은 투자 자본에 상관 없이 인도인과 한국인의 합작이라고 생각해야 한다.

양손으로 경영하라(Ambidextrous Management)

이제 지금까지 이야기한 것을 정리할 때가 된 것 같다. 아래의 도표를 보자. 아마 양쪽의 가치들이 상충되는 듯한 느낌을 받을지 모른다. 그러나 우리 몸에 두 손이 다 필요하듯이 이것은 상호 충돌되는 가치가 아니라 상호 연결되고 하나로 추구되어야 할 가치다. 한 쪽을 포기해서는 다른 한 쪽이 실현될 수 없다. 좌측의 목표와 우측의 가치를 어떻게 잘 융합해서 조화 있게 운영하느냐에 따라 기업 경영의 성공여부가 달려 있다고 확신한다.

기업경영의 목표	기업경영의 가치
철저한 시스템 경영(System Management)	믿고 맡기는 경영(Empowerment)
책임과 결과 위주의 경영(Performance)	과정(Process)에서의 자유
숫자 경영(Number Management)	융통성(Flexibility)
기강(Discipline)	관용(Tolerance)과 용서(Forgiving)
튼튼한 팀워크(Teamwork)	건전한 개인주의(Healthy Individualism)
이기는 경영(Winning)	겸손한 경영(Humble Management)
이익위주(Profit Driven)	최선의 복리후생(Welfare Driven Company)
꾸준한 성장(Steady Growth)	끊임없는 변화(Continuous Change)
단호함(Firmness)	유연성(Flexibility)
세계화(Globalization)	현지화(Localization)

이 시대, 모든 영역에서는 머리와 가슴의 조화를 필요로 한다. 다른 말로 하면 지능(IQ)과 감성(EQ)의 조화다. 기업 경영, 조직 운영에서도 결코 예외는 아니다. 단호한 말이지만 유연한 조직이 성공한다.

최고의 선(善)은 '물과 같이 항상 밑으로 흐르고, 바위를 만나면 돌아가며, 파인 곳은 채우면서 끊임없이 흘러간다'는 상선약수(上善若水)의 뜻이 내가 말한 경영 철학의 비결이자 핵심이다.

'이 세상의 모든 것이 자기 것이 아니다'라는 '생이불유(生而不有)'의 생각을 떠올릴 때 지나친 욕심에서 벗어날 수 있으며, 기업의 목적이 직원의 행복이라는 겸손한 마음도 가질 수 있다. 소박하고 겸손한 마음에서 빚어진 경영 철학(Humble Management)이 기업과 개인 모두에게 복을 가져다 줄 것이다.

Globalization

Openness

Empowerment

Innovation

Marketing

"세계 언론이 주목하는 CEO 김광로"

'국내기사'에 해당되는 글 31건

'외신기사'에 해당되는 글 10건

[동서발전 전자사보] 한국인 CEO 수출1호 김광로 부회장

국내기사   2009/04/25 15:29

Read, Trend / 우리시대 리더열전

인도 최대 가전업체인 비디오콘의 최고경영자(CEO)는 한국인 김광로 회장이다. '한국인 CEO 수출 1호'라고 할 수 있는 김광로 회사장은 1997년 LG전자 인도 법인장을 맡아 불모의 시장이었던 인도에서 LG전자를 리딩 브랜드로 올려놓았던 주인공이기도 하다. 2009년 1월 LG전자 인도 법인장을 끝으로 현업에서 은퇴한 그가 그해 5월 인도 최대 가전 업체 비디오콘 CEO로 영입됐다. 한국인으로 외국 대기업 본사 CEO에 오른 것은 김광로 회장이 처음이다. 한국인 CEO 수출 1호 김광로 회장의 남다른 경영능력은 무엇일까?

안은주_전 시사IN 기자

CEO는 게을러야 한다, 단 시장의 큰 흐름을 읽어야…

한국인 최초의 외국 대기업 본사 CEO에 오른 사람이라면… 은퇴한 뒤까지 외국 기업에서 탐낼 정도면 얼마나 '일 벌레처럼 살았을까 싶지만, 김광로 부회장은 오히려 'CEO는 게을러야 한다'는 경영 철학을 가지고 있다. 김광로 부회장은 "바쁜 게 선(善)이 아니다. CEO는 시장의 큰 흐름을 잘 읽어야 성과를 낼 수 있다. 나는 구체적인 업무를 챙기는 일보다 시장의 큰 흐름을 읽는데 더 많은 시간을 투자한다. 예컨대 신문이나 책을 읽는 것이 내 중요한 업무 중의 하나다. 신문과 책은 세상을 보는 창이고, 시장의 흐름을 읽어낼 수 있는 안테나이기 때문에 공장 순시보다 더 중요할 때가 많다'라고 주장했다.

김광로 부회장이 즐겨 인용하는 문구 중의 하나가 노자의 '무위이 무불위(無爲而 無不爲)'이다. 천하를 다스리는 데 무위로 해야지 유위(有爲)로는 오히려 부족하다는 말이다. 김광로 부회장은 최고 권력자가 모든 힘을 꽉 움켜쥐고 새벽에 회의를 소집하거나 일주일 내내 야근시킨다고 해서 실적이 하루아침에 좋아지는 것은 아니라고 믿는다. 이런 그의 경영 철학은 그가 떠난 지금도 LG전자 인도 법인의 교과서처럼 활용되고 있다.

권한 위임, 권한을 주고 기다리면 사원들이 용감해진다.

이런 철학 아래 LG전자 시절부터 그가 가장 강조했던 경영 원칙은 '임파워먼트(empowerment 권한 위임)'다. 김광로 부회장은 "상사는 기다릴 줄 아는 배짱이 있어야 한다. 자기는 70점 밖에 되지 않으면서 부하 직원에게 100점을 요구하는 상사가 있다. 그러면 임파워먼트가 되지 않는다. 권한을 주고 기다리면 사원들이 용감해진다'라고 말했다. 그는 가급적 사람의 장점을 보려고 노력한다.

대다수 한국인은 '인도인이 말만 많고 게으르다'고 탓하지만, 김회장은 인도인은 행동이 느릴 뿐 생각이 다양하다는 장점을 갖고 있다고 본다. 그래서 믿고 맡기면 오히려 좋은 성과를 낸다는 것이 그의 주장이다.

당시 김광로 부회장이 LG전자 인도법인을 이끌 때, 한국인은 22명이고 인도인은 3000명가량 됐다. 대개 해외법인은 주재 원이 모든 권한을 틀어쥐고 현지인을 손 발로만 부리는 구조로 움 직이다. 그러나 김회장은 한국인 직원에게 뒤로 물러나 앉으라고 요구하는 대신 인도 직원들에게 권한과 책임을 넘겨주었다. 본사에서는 '회사 팔아먹는다'는 말까지 나왔지만 결과는 기대 이상이었다.

◀ "인재 전쟁 2부 - 세계를 경영하라" 〈SBS〉 2008년 12월 21일

▲ "모범적인 경영인 김광로 부회장" 〈이코노 타임즈〉 2008년 5월 14일

Banking on Kim

Videocon has roped in the former head of LG's India arm, K. R. Kim, to turn its fortunes around.

K. R. Kim, Vice-Chairman and CEO, Videocon Industries

Purvita Chatterjee

K. R. Kim is back. The Korean, who was earlier LG's top honcho, will now be pitting the Videocon brands against the Korean *chaebols* and other multinational brands in the Indian market. Taking up an assignment post retirement with the Dhoots of Videocon as Vice-Chairman and CEO of Videocon Industries, this time his India stint will be even more challenging than the last 10 years when he was with LG Electronics India and was responsible for making the brand dominant in the consumer electronics segment.

The 63-year-old veteran's job on hand is to turn around Videocon and its brands and bring about operational efficiencies within the organisation. Strengthening the brands in the domestic market as well as creating global brands is his mandate and he would balance the portfolio with equal revenues being generated from both the markets. "Today consumer electronics contributes revenues to the tune of Rs 6,000 crore and our target is to have a 50:50 split in revenues between the Indian and global markets. It is going to be a big challenge as I have to first change the mindset of this company," states Kim, who has been in India for less than a month.

To begin with, Kim is planning a rationalising exercise and bringing all the Videocon brands under a single company. Apart from Videocon the rest of the brands exist either as divisions or separate companies within the Videocon group and the purpose is to consolidate them all under a single company of Videocon Industries. Today it is the Videocon brand which is the strongest followed by Electrolux, Kenstar and Kelvinator; the others like Akai and Hyundai are struggling in the Indian market.

"We have to see how each brand performs in the next one year. Today Videocon is the most successful brand in the company's portfolio while Hyundai is the unsuccessful one. In the next one year we may have to kick out the unsuccessful brands," says Kim, known for his master branding strategy. Hyundai Electronics, which is a division within the company, is likely to face the axe unless it improves its performance within a year. With revenues of Rs 250 crore, Hyundai is a 'push' brand unlike the other Korean brands which enjoy customer pull in the Indian market. Akai India too has been a division within Videocon and has been using its distribution strength to build the brand in the country.

Streamlining the multi-brand strategy followed by Videocon Industries all these years, the new CEO is expected to bring all the brands under the Videocon umbrella and improve efficiencies within the company. Adds Kim, "Today, each brand is under a different company and under these circumstances it is difficult to be competitive and be productive. I would like to have all the brands under one company."

Videocon: Aiming to retrieve market share

입력 : 2008.10.18 05:52
http://news.chosun.com/site/data/html_dir/2008/06/27/2008062700703.html

"인도는 작게 시작해서 크게 키워가야 하는 시장" – 고품격 경제뉴스 위클리비즈

김광로 전 LG전자 인도법인 사장의 명함은 인도 기업의 최고경영자(CEO)로 바뀌어 있었다.

뉴델리 서남쪽의 신도시 구르가온의 아파트에는 그가 지난 5월부터 경영을 맡고 있는 인도 최대 가전(家電) 기업 비디오콘(Videocon)의 LCD TV가 벽에 걸려 있었다. 그는 LG전자를 인도 가전 시장 1위로 올려 놓은 전설적인 기업인. 그가 LG의 경영 현장에서 물러나자 비디오콘은 스카우트의 손을 내밀었다. 그가 비디오콘 그룹 가전 부문의 부회장 겸 CEO로 영입되자 인도 언론은 이를 크게 보도했다.

지난 2일 만난 그에게 "인도 경제가 지난 몇 년 전 같지 않다"는 말을 꺼내자 그는 "중국은 너무 빨리 변해서, 인도는 너무 늦게 가서 문제"라고 말했다.

그는 인도 경제를 범선(帆船)에 비교했다.

"범선은 바람이 불면 가고, 안 불어도 거북이처럼 꾸준히 가죠. 인도는 경제성장률이 11~12%로는 절대 뛰지 않을 겁니다. 그렇지만 6% 이하로 내려가지도 않을 것입니다. 인도는 의사 결정 체계가 다원화돼 있어 한 사람이 잘못해도 막아주는 장치가 되어 있습니다. 물론 반대로 의사 결정 체계가 복잡해 추진력이 떨어지고 경제를 크게 끌고 나가지는 못하지만요."

그는 외국 언론들이 인도 경제의 부상을 주목하다가 요즘은 부정적인 측면을 많이 보도하는데 대해 "인도는 달라진 게 없다. 그런 기사를 보면 호들갑 떤다는 느낌"이라고 말했다.

그는 한국의 LG디스플레이가 얼마 전 인도에 공장을 짓겠다며 자신을 찾아온 이야기를 들려줬다. "4년 이내 LCD TV가 브라운관 TV보다 인도에서 더 많이 팔릴 것이라고 그 사람들이 말하더군요. 그래서 '아니다. 2~3배는 시간이 더 걸릴 것'이라고 말해줬지요. 성급하게 인도 시장을 판단하면 실패합니다. 인도는 매우 보수적입니다. 인도인은 혁신에 덜 민감합니다. 하지만 인도는 '지긋한' 경제 성장을 계속 할 것입니다."

그는 "인도 시장에 외국 기업이 계속 진출하고 있느냐"는 질문에 "중국만큼은 아니지만 꾸준하다. 한국 대기업도 계속 진출해야 한다"고 말했다. 그는 "특히 인프라 건설 관련 시장이 향후 20년간 무궁무진하다"고 말했다. "예컨대 LG화학이 인도 시장에 들어와서 (인도 최대 재벌그룹인) 릴라이언스를 꺾어 보려는 야심을 보였으면 합니다. 이미 LG전자는 가전 시장을 제패하지 않았습니까?"

그는 "한국 경제의 미래는 인도에 있다"면서 "인도를 우리의 단점을 보완할 수 있는 시장, 그리고 세계화 기지로 보라"고 주문했다.

"예컨대 우리 기업이 아프리카 나이지리아에 직접 진출하기 힘듭니다. 그런데 이 경우 인도인 5명과 한국인 1명이 나이지리아에 같이 진출하면 100% 성공합니다. LG전자 인도법인 근무 당시 LG 폴란드 법인에서 인도 직원을 파견해 달라고 요청해 보내준 적이 있습니다. 회계 관리 담당 3명이었는데, 일을 잘했어요. 결국 그곳에 채용됐지요. 인도 사람들은 목숨 걸고 일합니다. 적응력도 좋습니다."

그는 미국발 금융위기가 인도에 미치는 영향에 대해 "내수(內需)가 크기 때문에 중국과 인도는 덜 휘둘린다"고 말했다.

"역시 미래는 중국과 인도에 있습니다. 인도의 경우 천천히 경제가 커가는 속도에 맞춰 투자하면 됩니다. 많은 회사가 처음부터 크게 벌리는데, 인도는 작게 시작해서 키워가야 하는 시장입니다."

그는 인도 기업 속으로 들어가서 본 인도 기업의 실상에 대해 "타임머신을 타고 와서 20~30년 전 한국을 보는 것 같다"면서 "물건은 창고에 있는데 장부에만 판매된 걸로 표시하는 밀어내기식 매출이 일반화되어 있고, 관리 기술이 한국은 물론이고 중국에 비해서도 한참 떨어져 있다"고 말했다. 그는 그러나 "개방성과 유연성은 인도 기업의 장점"이라며 "우리는 엄격하고 기강이 있는 반면, 그 반대 편인 개방성과 유연성에선 떨어진다. 우리는 단결력이 좋으나 배타적이지만, 인도는 단결력은 없으나 열려 있다"고 말했다.

비디오콘은 1987년 창립된 기업으로 지난해 그룹 전체 매출이 45억 달러이다. 가전과 석유, 가전 유통이 매출의 3분의 1씩을 차지한다. 가전 부문은 인도 시장에서 LG와 삼성전자에 이어 3위이다.

"인도는 작게 시작해서 크게 키워가는 시장" 〈조선일보〉 2008년 10월 18일

인재전쟁 2부 - 세계를 경영하라

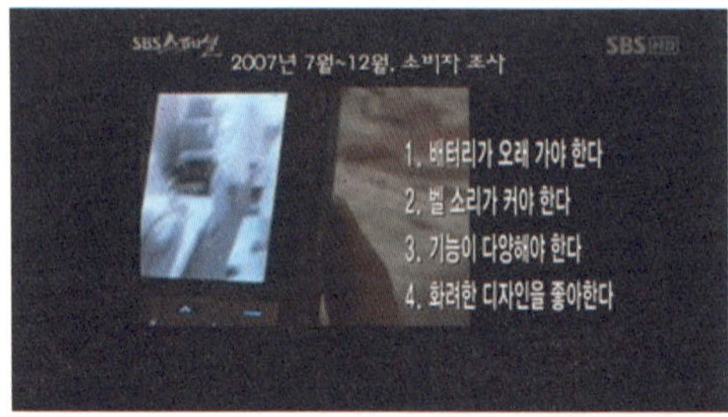

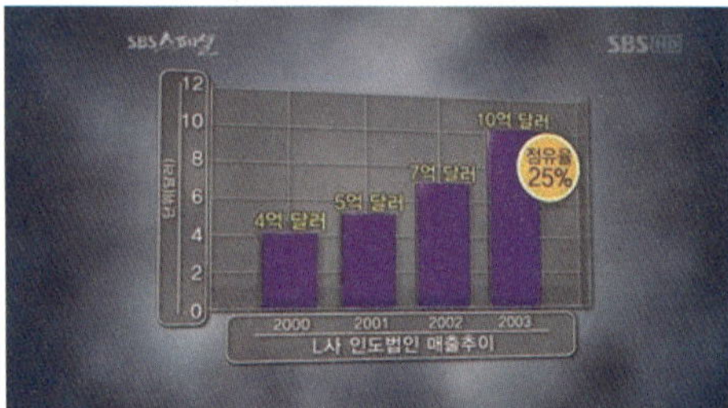

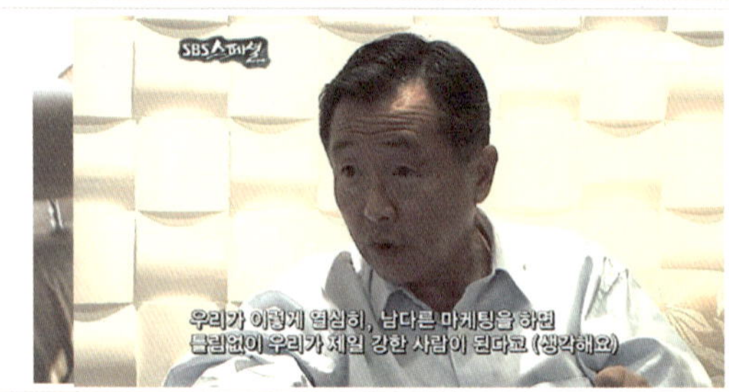

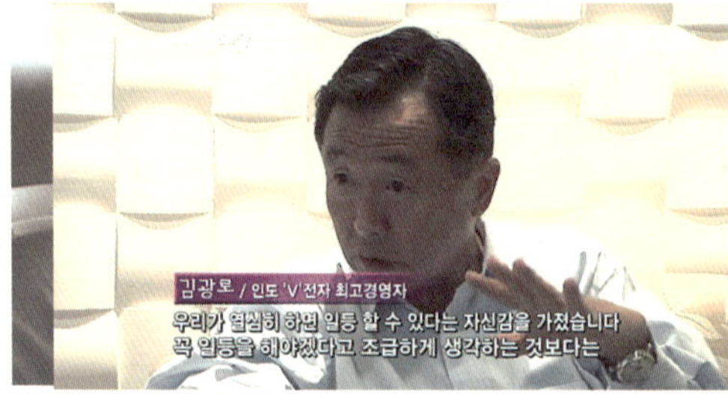

인도 김광로 사장.
그의 성공에 대한 확신은 다시 한 번 '긍정의 힘'에 대해 생각하게끔 한다.

THE ECONOMIC TIMES

LGâ€™s ex-whizkid KR Kim to head Videocon globally

2 May 2008, 0104 hrs IST, Kala Vijayraghavan & Lijee Philip, TNN

MUMBAI: Korean durable heavyweight, LGâ€™s ex-whizkid KR Kim will now weave magic into one time arch rival Videoconâ€™s global growth story.

Mr Kim, the former MD of LG India is signing into Videocon as chairman and MD for their global consumer electronics operations. It is learnt that Mr Kim will visit India around May 7, 2008 to check out the market potential and understand the Videocon organisation to help chart out a global growth strategy. PN Dhoot, director Videocon Industries confirmed the move.

It is learnt that several senior LG hands like HS Bhatia, Sanjeev Jain, Prasoon Kumar, Sandeep Tiwari, AK Dash and Ashutosh Pant are also being tapped by the Videocon management.

The move is an attempt by Videocon to professionalise the management and chart out an ambitious growth path in the global durable markets. Mr Kim is expected to divide his time to help Videoconâ€™s domestic market and also to a large extent the more competitive global durables market. ET first broke the story in the edition dated April 4, 2008. The Dhoots of Videocon have been trying to woo Mr Kim for many months now. It is learnt that Mr Kim with an experience of over 30 years with LG may take on an active role to join the Videocon board by the end of May 2008. Known to be unassuming and unpretentious, KR Kim one of the most travelled CEOs and is known to keep his ears to the ground and be in direct touch with employees and dealers across the country.

Mr Kim, one of the few Korean expats, who gave a fair amount of independence in operations to his managers and top management was extremely comfortable working with a completely Indian team.

An aggressive marketer Mr Kim was known to be as generous with his rewards system and as ruthless in punishment to the non-performers. Sources say Indian durable dealers used to be awed and pleasantly surprised by Mr Kim's ability to call them by their first names (something very few CEOs can boast of).

Mr Kim has been credited with the extraordinary success of LG Electronics in India within a short span of six years. It was he who launched LG 15 years ago and fought competition from well-entrenched players to make the brand a household name in India.

Mr Kim played a key role in making his company one of the most dominant players in India with market leadership across hugely competitive segments like CTVs, refrigerators, washing machines and other home appliances.

With a slew of acquisitions on the manufacturing front, Videocon has been lacking in capabilities that will enable it to become a brand of repute internationally, particularly for end consumers. The move to hire Mr Kim is seen as an attempt to infuse expertise and set a new work culture in the organisation.

Mr Kim had moved to Bangkok as head of Asia-Pacific region after moving out of India. He has since retired from his global responsibilities from December â€™07. Brand LG is currently seen as the most preferred brand name in the industry. Mr Kim played a crucial role in ensuring that LG in India focused on technology, aggressive sales and marketing and a steady slew of product innovations.

◀ "인재 전쟁 2부 - 세계를 경영하라" 〈SBS〉 2008년 12월 21일

▲ "모범적인 경영인 김광로 부회장" 〈이코노 타임즈〉 2008년 5월 14일

Banking on Kim

Videocon has roped in the former head of LG's India arm, K. R. Kim, to turn its fortunes around.

K. R. Kim, Vice-Chairman and CEO, Videocon Industries

Purvita Chatterjee

K. R. Kim is back. The Korean, who was earlier LG's top honcho, will now be pitting the Videocon brands against the Korean *chaebols* and other multinational brands in the Indian market. Taking up an assignment post retirement with the Dhoots of Videocon as Vice-Chairman and CEO of Videocon Industries, this time his India stint will be even more challenging than the last 10 years when he was with LG Electronics India and was responsible for making the brand dominant in the consumer electronics segment.

The 63-year-old veteran's job on hand is to turn around Videocon and its brands and bring about operational efficiencies within the organisation. Strengthening the brands in the domestic market as well as creating global brands is his mandate and he would balance the portfolio with equal revenues being generated from both the markets. "Today consumer electronics contributes revenues to the tune of Rs 6,000 crore and our target is to have a 50:50 split in revenues between the Indian and global markets. It is going to be a big challenge as I have to first change the mindset of this company," states Kim, who has been in India for less than a month.

To begin with, Kim is planning a rationalising exercise and bringing all the Videocon brands under a single company. Apart from Videocon the rest of the brands exist either as divisions or separate companies within the Videocon group and the purpose is to consolidate them all under a single company of Videocon Industries. Today it is the Videocon brand which is the strongest followed by Electrolux, Kenstar and Kelvinator; the others like Akai and Hyundai are struggling in the Indian market.

"We have to see how each brand performs in the next one year. Today Videocon is the most successful brand in the company's portfolio while Hyundai is the unsuccessful one. In the next one year we may have to kick out the unsuccessful brands," says Kim, known for his master branding strategy. Hyundai Electronics, which is a division within the company, is likely to face the axe unless it improves its performance within a year. With revenues of Rs 250 crore, Hyundai is a 'push' brand unlike the other Korean brands which enjoy customer pull in the Indian market. Akai India too has been a division within Videocon and has been using its distribution strength to build the brand in the country.

Streamlining the multi-brand strategy followed by Videocon Industries all these years, the new CEO is expected to bring all the brands under the Videocon umbrella and improve efficiencies within the company. Adds Kim, "Today, each brand is under a different company and under these circumstances it is difficult to be competitive and be productive. I would like to have all the brands under one company."

Videocon: Aiming to retrieve market share